로컬 콘텐츠 개발과 AI 활용

AI문고

인공지능 시대입니다. 기계가 인간의 인지를 대신하고, 사물이 인간을 통하지 않고 다른 사물과 직접 커뮤니케이션합니다. 이에 따른 인간 삶과 문명 변화를 정확히 이해·예측·대응하는 것은 이 시대 우리 모두의 과제입니다. AI문고는 인공지능 기술과 환경의 여러 주제를 10가지 키워드로 정리합니다. 관련 개념과 이론, 학계와 산업계의 쟁점, 우리 일상의 변화를 다룹니다. 인간과 기술의 현재, 미래를 세심히 분석합니다.

일러두기

- 인명, 작품명, 저서명, 개념어 등은 한글과 함께 괄호 안에 해당 국가의 원어를 병기했습니다.
- 외래어 표기는 현행 어문규정의 외래어표기법을 따랐습니다.

처음이세요?

전문가세요?

로컬 콘텐츠 개발과 AI 활용

임동욱

대한민국, 서울, 커뮤니케이션북스, 2026

로컬 콘텐츠 개발과 AI 활용

지은이 임동욱
펴낸이 박영률

초판 1쇄 펴낸날 2026년 1월 9일

커뮤니케이션북스(주)
출판 등록 2007년 8월 17일 제313-2007-000166호
02880 서울시 성북구 성북로 5-11
전화(02) 7474 001, 팩스(02) 736 5047
commbooks@commbooks.com
www.commbooks.com

ISBN 979-11-430-1578-5 03500

책값은 뒤표지에 표시되어 있습니다.

차례

지방 소멸 시대의 로컬 콘텐츠

'지방 소멸'이 화두로 떠올랐다. 2014년 마스다 히로야(增田寬也) 일본 전 총무상이 이른바 '마스다 보고서'를 통해 처음 제안한 용어다. 인구의 감소로 인해 수도권을 제외한 지방들이 심각한 쇠퇴를 겪으며 머지않아 소멸하게 될 거라는 의미다. 우리나라에서도 지방 소멸은 인구 통계 차원을 넘어 국가의 근본 위기로 인식되고 있다. 인구가 감소한다는 것은 결국 지역 공동체의 기능 상실과 문화적 정체성의 단절을 유발하기 때문이다.

지방 소멸의 심각성은 수치를 통해서도 드러난다. 한국고용정보원에 따르면, 전국 시 · 군 · 구 중 절반이 넘는 곳이 '소멸 위험 지역'으로 분류되었다. 이러한 현상은 농어촌 지역에 국한되지 않고 광역시까지 확산되고 있기에 더욱 위협적이다. 2024년에는 부산이 소멸 위험 지수 0.490을 기록하며 광역시 중 최초로 위험 단계에 진입했다. 부산뿐만 아니라 대구와 대전의 일부 구도 포함되었다.

비수도권의 공동화를 심화시키는 가장 큰 원인으로는

수도권 집중 현상이 꼽힌다. 2024년 기준 우리나라 총 인구의 절반인 2600만 명이 수도권에 거주한다. 앞으로 2047년이 되면 전국 시 · 군 · 구의 70퍼센트가량이 소멸 위험에 처하고, 2070년에는 서울과 대도시권을 제외한 거의 모든 지방이 인구 급감의 여파로 사회 기능이 붕괴된다는 예측이다.

코로나19 사태는 지방 소멸 현상을 더욱 가속화시켰다. 전국 시 · 군 · 구 중 소멸 위험 지역은 2019년 5월에 93개에서 2020년에 4월 105개로 12곳이나 증가했다. 이전 연간 증가폭에 비해 3배에 달하는 급격한 상승세다. 지방에서는 팬데믹으로 인한 경제적 타격이 더욱 크게 작용했다. 재택근무의 확산 등으로 인해 오히려 수도권으로 인구가 집중되는 역설적인 상황도 나타났다.

인구학적 쇠퇴는 지역 문화 생태계의 붕괴라는 문제를 야기한다. 유지하고 계승할 주체가 사라지면 전통 축제, 공동체 의례, 구전 문화 등 지역의 무형 문화 자원은 소멸하게 된다. 지역의 독특한 방언, 민요, 세시풍속도 대를 이을 전승자가 없으니 박물관의 전시물로만 남게 될 것이다. 이러한 문화적 소멸은 경제적 쇠퇴와 맞물려 악순환을 형성한다. 고유성이 사라지면 해당 지역을 찾는 방문객은 줄어들게 되고, 이는 다시 지역 경제의 위축으로 이어져서 인구 유출이 가속화된다. 악순환의 고리를 끊으려면 지역이 가진 고유한 가치와 정체성을 재발견하고 재해석하는 작업이 필요하다.

이에 지방 소멸에 대응하는 대안이자 전략으로 '로컬 콘텐츠(local content)'가 주목받고 있다. 지역의 고유한 자연 자원과 인문 자원 그리고 그 안에 담긴 이야기를 재단장함으로써 경제 활성화와 인구 유입의 방편으로 쓰이기 때문이다. 로컬 콘텐츠는 지역 정체성의 계승과 경제적 가치 창출이라는 두 과제를 동시에 해결하는 다차원적인 개념이기에, 지방 소멸이라는 위기를 지역 재생의 기회로 전환시킬 잠재력도 지니고 있다.

로컬 콘텐츠의 필요성

지금까지 지방 소멸에 대응하는 정책들은 주로 물리적 인프라를 구축하고 운영 보조금을 지원하는 데 집중되어 왔다. 정부는 지난 10년 동안 대응 기금 1조 원을 투입하고 인구 감소 지역을 지원하는 특별법을 제정하는 등 분명한 정책적 의지를 드러냈다. 그러나 하드웨어 중심의 접근으로는 근본적인 해결이 어렵다.

물리적 인프라의 개선은 지방 발전의 필요조건이다. 그러나 충분조건이 되지는 못한다. 도로, 철도, 공항 등

교통 인프라가 개선되면 오히려 지방의 인재들이 수도권으로 더 쉽게 유출되는 이른바 '빨대 효과(straw effect)'가 발생하기 때문이다. 단순한 재정 투입도 지역의 자생적 발전 역량을 키우기는커녕 중앙 정부에 대한 의존성만 높일 위험이 있다. 지방 소멸 문제의 복합성을 해결하려면 기존 정책의 한계를 넘어선 새로운 시각이 필요하다.

로컬 콘텐츠는 하드웨어 중심의 정책을 보완하는 소프트파워(soft power)다. 지역의 고유한 역사와 문화 그리고 자연 환경과 생활양식을 콘텐츠화한다면 독특한 매력과 경쟁력을 이끌어낼 수 있다. 이는 단순히 관광객을 유치하는 수준을 넘어서 지역에 대한 인식과 이미지를 근본적으로 바꿔놓을 것이다.

특히 디지털 네이티브 세대인 MZ 세대가 거주지를 선택할 때는 물리적인 편의성뿐만 아니라 문화적 풍요로움과 독특한 정체성도 중요한 기준이 된다. 로컬 콘텐츠는 이러한 세대적 특성에 부합하는 새로운 지역 어필 전략이 될 수 있으며, 삶의 의미와 참여 기회를 체감함으로써 장기적으로 문화적, 정서적 토대를 제공한다.

지난 정부들이 창조 경제와 4차 산업혁명을 강조했듯이, 지식과 창의성이 가장 중요한 생산 요소로 여겨지는 시대다. 제조업 중심의 과거 산업 구조에서는 원자재, 노동력, 교통이 입지 결정의 핵심 요인이었다. 그러나 문화 콘텐츠를 만들어 내는 창의 산업에서는 문화적 환경, 삶의 질, 네트워킹의 기회가 더 큰 매력을 가진다. OECD는 '문화 창의 산업(cultural and creative sector)'이 혁신, 생산성 제고, 관광 유치 등 연계 부문에 유의미한 파급 효과를 내며 지역의 사회 자본, 포용, 웰빙 등에도 긍정적인 효과를 미친다고 강조했다.

이러한 경제적 상황에 부합하는 대표적인 분야가 로컬 콘텐츠 산업이다. 지역의 고유한 문화적 자산을 창의적으로 활용해서 부가가치를 창출하고, 이 과정에서 유능한 창작자들과 기획자들의 유입을 촉진시킬 수 있다. 특히 디지털 기술의 발달로 지리적 제약이 완화되면서, 저렴한 비용으로 좋은 환경에서 창작 활동을 할 수 있는 '지방' 즉 로컬의 매력이 재조명되고 있다. 지역 일자리 창출, 창입 유도, 경제 순환 효과를 기속회함으로써 청년 인재의 지역 정착에 도움을 주는 것이다.

현대 소비자들은 물실석 풍요에만 만족하지 않고 콘텐츠의 의미와 가치까지 추구하는 성향을 지닌다. 예를 들어 환경 문제에 대한 관심이 높아지면서 지속 가능한 라이프스타일에 대한 수요가 증가했다. 로컬 콘텐츠는 이러한 시대적 요구에 부합하는 진정성을 제공하는 방식으로 지속 가능성을 담보할 수 있다.

지금까지 글로벌 시스템이 대량 생산, 대량 소비를 강조해 온 까닭에 소비자들은 피로감을 호소하기 시작했다. 이에 대한 탈출구로 지역의 고유한 가치와 전통을 지키면서도 현대적으로 재해석해 소개하는 로컬 콘텐츠에 대한 관심이 높아지고 있다. 단순한 향수나 복고주의와는 다르다. 오히려 새로운 형태의 혁신적 발전 모델에 가깝다.

로컬 콘텐츠는 민주주의의 확산과 사회적 결속의 강화에도 큰 영향을 끼친다. 특히 로컬 뉴스와 로컬 미디어는 정보 접근성과 시민 참여를 높이는 기반이 된다. 영국 규제 기관인 오프콤(Ofcom)은 로컬 언론이 지역 민주주의, 사회 결속, 다양한 민의의 대표성과 긴밀한 관련이 있기에 정보에 공백이 생길 경우 허위 정보와 여론 분열이 확산됨을 경고한 바 있다. 이는 한국의 로컬 미디어와 공론장을 강화해야 한다는 직접적인 근거가 된다. 아울러 로컬 콘텐츠가 문화 사업의 역할을 넘어 공동체의 삶의 질을 높이는 중요한 요소임을 보여 준다.

그러므로 로컬 콘텐츠는 거주, 경제, 민주주의라는 3가지 축을 동시에 자극하는 복합재라 하겠다. 인구 감소

대응책으로 시행되는 도로, 공장, 주택 등의 하드웨어 시스템을 원활히 작동시키는 소프트웨어이기도 하다. 지방 소멸 시대에는 필수적인 대응 전략이 될 수밖에 없다.

로컬 콘텐츠의 다면적 역할

로컬 콘텐츠는 지방 소멸 위기 속에서 지역의 활력과 지속 가능성을 되찾는 역할을 수행한다. 지역 정체성의 구축에서부터 인구 유입, 사회적 결속 강화, 문화적 다양성 보존, 부가가치 창출에 이르기까지 다층적인 효과를 가져 온다.

로컬 콘텐츠의 기본 역할은 지역 고유의 정체성을 구축하고 브랜드화하는 것이다. 독특한 역사, 문화, 자연이라는 자산을 발굴하고 이를 가공해서 차별화된 제품과 서비스를 만들어 낸다. 또한 '이곳에서만 누릴 수 있는 흥미로운 삶'을 체감하게 만들며, 지역민의 자긍심을 높이고 공동체성을 복원하는 데 기여한다. 자신이 살고 있는 지역이 특별하고 가치 있는 곳이라는 인식은 지역 이탈을 방지하고 외부인의 관심을 촉진하는 중요한 요인이 된다.

그 예로 전라남도 신안군의 '퍼플섬' 프로젝트를 꼽을

수 있다. 신안은 참도라지와 꿀풀 등 보라색 꽃이 만발한 자연적 특성을 활용해서 건물, 주택, 이정표 등 섬 전체를 보라색으로 꾸몄다. 단순히 색깔을 입히는 차원을 넘어 풍경과 이야기를 하나의 테마로 엮어내어 현대적인 관광 성지를 만들어 냈다. 그 결과 문화체육관광부의 '꼭 가봐야 할 대표 관광지 100선'에 선정되었고, 유엔 세계관광기구(UNWTO)의 '제1회 유엔 세계 최우수 관광 마을'로 선정되는 성과를 거두었다. 지역민의 자긍심을 높이고 외부 관광객을 유치하는 강력한 브랜드가 완성된 것이다.

또 다른 사례로는 강원도 평창군의 문화 콘텐츠 개발을 꼽을 만하다. 평창은 2018년 동계 올림픽을 계기로 자연 환경과 전통 문화를 결합한 다양한 콘텐츠를 개발했고 지역 정체성을 재정립하는 데 활용했다. 이 과정에서 주민들은 지역이 지닌 독특함에 대해 새로이 인식해서 자부심을 갖게 되었다. 이는 로컬 콘텐츠가 지역민의 공동체 의식을 고취시키는 매개체 역할도 한다는 사실을 보여 준다.

강원도의 대표 특산물인 감자를 모티프로 한 춘천의 감자빵은 로컬 콘텐츠의 경제적 효과를 잘 보여 준다. 감자의 포장을 연상시키는 패키징과 '감자밭'이라는 브랜드 네임까지 일관성을 유지해서 완성도 높은 농촌 콘텐츠로 발전했으며, 지역 경제 활성화에 크게 기여했다. 이처럼 축제, 전통 기술, 로컬 푸드, 창작 IP가 경험 경제로 설계될 때 체류 시간과 재방문율, 로컬 소비가 증가하고 외부 자본 및 인재 유치에도 도움이 된다.

전주 한옥마을은 전통 한옥과 한식이라는 로컬 콘텐츠를 활용하여 연간 700만 명 이상의 관광객을 유치하고 지역 경제에 상당한 기여를 한다. 또한 보성의 녹차, 담양의 대나무 등 지역 특산물에 이야기와 체험을 더한다면 단순 상품이 아닌 문화 상품으로의 변모가 가능해진다.

이렇듯 로컬 콘텐츠는 지역 경제의 핵심 동력이다. 문화 콘텐츠 산업은 높은 부가가치를 만들어 내며 관광, 숙박, 음식, 체험, 쇼핑 등 다양한 분야에 효과를 미친다. 한국콘텐츠진흥원에 따르면, 콘텐츠 산업은 최종 수요가 10억 원 증가할 때마다 취업 인원 13.9명과 고용 인원 10.4명을 늘리는 효과가 있다. 제조업이나 사회간접자본(SOC)보다 높은 고용 창출 효과를 보인다. 로컬 콘텐츠는 지역의 자원과 인력을 활용하기에 경제적 이익이 지역 내에서 순환하는 데 도움을 준다.

인구를 끌어들이는 창조 생태계

로컬 콘텐츠는 지역으로의 인구 유입을 촉진한다. 특히 문화 예술가, 콘텐츠 제작자, 디자이너, 기획자 등 이른바 '창조 계층(creative class)'의 유입에 효과적이다. 이들은 문화적 환경과 창작 여건을 중시하는 경향이 있기에, 매력적인 로컬 콘텐츠가 있는 지역을 선호한다.

인천의 '개항로 프로젝트'가 이러한 효과를 잘 보여 준다. 2018년부터 디자이너, 셰프, 사업가 등 20여 명이 개항로의 오래된 건물을 구입하여 카페, 식당, 갤러리 등으로 개조했다. 이들은 '개항로 맥주', '개항로 통닭', '마계인천 페스티벌' 등 다양한 로컬 콘텐츠를 개발했다. '마계대학'을 통해 지역의 현장 전문가들이 창업가들에게 기술과 지식을 전수하는 프로그램도 운영한다. 이러한 로컬 크리에이터들의 유입은 단순히 인구수만 증가시키는 것이 아니다. 지역의 창조적 생태계를 구축하고 다른 인재들의 추가 유입을 촉진하는 선순환 구조를 만들어 낸다.

로컬 콘텐츠 제작과 향유 과정은 지역민들 간의 소통과 협력을 촉진한다. 공동의 프로젝트를 통해 서로 다른 세대, 계층, 출신의 사람들이 만나고 협력하는 과정에서 사회적 자본이 축적되고 공동체 의식이 강화된다. 특히 로컬 스토리텔링 과정에서는 지역의 역사와 문화를 재발견하고 공유하면서 집합적 기억과 정체성이 형성된다. 개별적이고 파편적이었던 개인의 경험들이 공동체의 서사로 통합되고, 이를 통해 지역에 대한 애착과 자부심이 증진된다.

경북 문경의 '석탄 박물관'과 연계된 로컬 콘텐츠 사업은 쇠퇴한 탄광 지역을 문화와 관광의 공간으로 재생시킨 대표적인 사례다. 과거 석탄 산업의 영광과 좌절의 역사를 문화 콘텐츠로 재해석하여 지역민들의 자긍심을 회복시키고, 외부 관광객들에게는 독특한 체험의 기회를 제공한다. 또한 부산 감천문화마을은 폐허가 될 뻔한 마을을 예술가, 주민, 지자체가 협력하여 독특한 문화 예술 공간으로 재탄생시킨 성공 사례다. 덕분에 지역 사회의 사회적 자본을 강화하고 공동체 의식을 고취시켰다는 평을 듣는다.

로컬 콘텐츠 분야는 젊은 창업가들에게 매력적인 분야다. 상대적으로 진입 장벽이 낮고 창의성과 아이디어가 중요한 영역이기 때문이다. 특히 디지털 기술의 발달로 제작 비용은 낮아지고 유통 채널은 다양해지면서 소자본으로도 전국적, 세계적 시장에 도달할 수 있는 가능성이 열렸다. 정부와 지방자치단체들도 이러한 가능성에 주목하여 '로컬 크리에이터(local creator)' 육성 정책을 추진한다. 경상북도 의회는 '지역 콘텐츠 활성화 연구회'를 구성하여 로컬 크리에이터 육성과 관련된 조례 제정을 검토하고 있으며, 전국 지방자치단체들이 청년 창업 지원과 로컬 콘텐츠 육성을 연계하는 정책을 확대한다. 이러한 정책적 지원과 함께 성공 사례들이 확산되면서, 지방에서 창업을 통해 성공할 수 있다는 인식이 젊은 세대에게 확산되고 있다. 이는 기존의 '지방은 기회의 부족'이라는 고정관념을 깨고, '지방은 새로운 기회의 땅'이라는 시각의 전환을 가져온다.

로컬 콘텐츠는 각 지역의 고유한 문화적 자산을 보존하고 발전시키는 역할을 한다. 급속한 산업화와 도시화 과정에서 사라질 위기에 처한 지역의 전통 문화, 방언, 생활양식, 기술 등을 현대적으로 재해석하여 새로운 생명력을 부여한다. 이는 단순한 보존을 넘어 창조적 계승의 의미를 가진다. 과거의 것을 그대로 박제하는 것이 아니라, 현재의 감각과 미래의 비전을 담아 새롭게 해석하고 표현함으로써 전통과 현대, 지역과 세계를 연결하는 가교 역할을 한다. 세대 간 문화 단절을 완화하고 디지털 기술을 활용하여 젊은 세대에게 친숙한 문화 계승의 통로를 제공하기도 한다.

예를 들어, 안동의 '하회탈춤'을 현대적으로 재해석한

공연들이 있다. 유네스코 세계문화유산으로 지정된 하회마을의 전통을 유지하면서 현대적인 공연과 체험 프로그램을 도입하는 방식은 전통과 현대의 조화를 보여 준다. 또한 제주의 '해녀' 문화를 활용한 다양한 콘텐츠들, 전주의 '한옥' 문화와 연계된 체험 프로그램들은 모두 전통 문화를 현대적으로 계승하는 로컬 콘텐츠의 좋은 사례들이다. 일본 시모키타 반도의 '무지개 패턴 프로젝트'도 좋은 사례가 된다. 인구 감소로 폐교 위기에 처한 초등학교를 예술가들과 협력하여 지역 문화 복합 공간으로 재탄생시켰다. 이처럼 로컬 콘텐츠는 지역의 문제를 창의적으로 전환하고 새로운 가능성을 모색하는 실험실 역할을 수행한다.

지속 가능한 로컬 콘텐츠 생태계 구축

지방 소멸은 한국 사회가 직면한 가장 심각한 도전에 속한다. 전국 시·군·구의 절반 이상이 소멸 위험 지역에 해당하고 이 현상이 광역시까지 확산되고 있다. 이러한 현실은 지방 소멸이 더 이상 일부 지역의 문제가 아닌 국가적 위기임을 보여 준다.

기존의 물리적 인프라 구축과 재정 지원 중심의 정책만으로는 해결하기 어렵기에 로컬 콘텐츠가 새로운 돌파구 역할을 할 수 있다. 지역의 고유한 문화적 자산을 현대적으로 활용하여 경제적 부가가치를 창출하고, 지역의 매력도를 높여 인구 유입을 촉진하며, 공동체의 결속력을 강화하는 등 다면적인 역할을 수행하기 때문이다. 로컬 콘텐츠는 특히 창조 경제 시대에 중요한 창조적 계층의 유입과 정착에 효과적이다. 젊은 세대에게 어필할 수 있는 새로운 형태의 지역 발전 전략으로 기능할 수 있다.

물론 로컬 콘텐츠가 지방 소멸의 만능열쇠인 것은 아니다. 성공적인 정착을 위해서는 3가지 조건이 필요하다. 첫째로 기본적인 생활 인프라, 교육 시설, 의료 서비스 등이 뒷받침되어야 한다. 문화적 풍요로움과 함께 실질적인 삶의 질이 보장될 때 비로소 인구 유입과 정착이 지속될 수 있다.

둘째로 지역 주민의 주체적 참여와 협력 네트워크 구축이 필수적이다. 로컬 콘텐츠 개발에는 지역 주민, 예술가, 기업, 지자체, 연구기관 등 다양한 주체들이 참여하게 된다. 이러한 협력 과정은 사회적 자본을 강화하고 공동체 의식을 고취시키는 데 중요하며, 주민의 역량 강화로 이어진다.

셋째로 중앙 정부와 지방 정부의 정책적 지원, 민간 부문의 투자 등이 유기적으로 결합될 때 진정한 효과를 발휘한다. 지방 소멸 대응 기금과 같은 재정적 지원은 인프라 및 정주 지원 외에도 로컬 콘텐츠 축(교육, 미디어, 문화, 관광)을 결합할 때 효과가 극대화된다.

로컬 생태계 구축을 위한 프레임워크

각 지역에 맞는 로컬 콘텐츠 생태계를 체계적으로 구축해 나가야 한다. 예를 들어 각 지역의 특성에 맞는 로컬 콘텐츠 발굴과 육성, 로컬 크리에이터 양성과 지원, 디지털 기술을 활용한 유통망 구축, 지역 간 협력과 네트워킹 강화 등이다. 이를 위한 구체적인 실행 프레임워크는 다음과 같다.

지역 주체 거버넌스를 구축한다. 청년, 원주민, 소상공인, 교육자, 언론, 행정 등 다양한 지역 주체들이 참여하는 거버넌스 위원회를 두고, 기획-제작-배포-아카이브리는 전체 과정의 지작권, 2차 이용, 수익 배분 원칙을 명문화해야 한다. 이는 기금 평가와도 직결되며, 주민 참여형 콘텐츠 개발을 통해 역량 강화와 사회적 자본 축적으로 이어진다. 전통의 단순한 재현이 아닌 현대적 창조적 재해석을 통한 차별화가 필요하며, 지역의 경험과 이야기를 기반으로 구술, 다큐멘터리, 예술 프로젝트, 스마트 관광 등 다양한 형태의 콘텐츠를 창조할 수 있다.

하이브리드 유통 전략도 바람직하다. 지역 라디오, 신문, 공공시설 전시 같은 오프라인 접점과 SNS, 스토리맵, 로컬 커뮤니티 앱 같은 디지털 접점을 하나의 채널로 통합하는 것이다. '효용-가치'의 이중 설계를 하는 것이 효과적이다. 이용자는 속보, 교통, 날씨 같은 일상적 효용을 우선적으로 인식한다. 동시에 지역 민주주의나 공동체 연결의 사회적 가치도 마찬가지로 중요하기 때문이다. 이런 점에서 디지털 전환 시대에는 온라인 플랫폼, 미디어, 라이브커머스 등 뉴미디어를 통한 지역 콘텐츠 확산이 활발히 이루어진다는 점을 눈여겨봐야 할 것이다.

핵심 성과 지표(KPI)를 개발하는 것도 중요하다. 로컬 콘텐츠의 성과를 측정하기 위한 다각적인 기준이 필요해서다. 정체성 형성 및 시민 참여의 측면에서는 지역 프로그램 참여자 수, 공동 제작 비율, 시민 제보 건수, 지역 의제화 사례를 살펴봐야 한다. 경제 창출 및 관광 유발의 측면에서는 방문자 체류 시간, 재방문율, 소상공인 매출 연계, 지역 고용을 체크해 볼 필요가 있다. 정보 제공 및 신뢰 획득의 측면에서는 전달 건수, 체류 시간, 인지도 개선 수치, 허위 정보 교정 건수 등이 있겠다. 인구와 관련해서는 청년 순유입률, 전입자 만족도, 정주 의향 변화가 중요한 데이터가 된다. 이러한 지표군은 OECD가 강조한 경제 · 사회 파급 효과와 오프콤(Ofcom)이 강조한 민주주의와 결속을 동시에 측정하는 기준으로 작용할 수 있다.

지방 소멸은 단순한 인구 통계학적 문제를 넘어 지역의 문화와 정체성이 사라지는 문화적 위기다. 이에 대한 대응으로 내세워야 할 로컬 콘텐츠는 경제적 가치 창출과 사회 · 문화적 정체성 회복이라는 이중적 과제를 해결할 열쇠다. 로컬 콘텐츠의 활성화는 지역의 경제, 사회, 문화 전반의 선순환 구조를 만들어 국가 전체의 균형 발전과 문화 다양성 확보에 기여할 것이다. 인구 구조의 역전과 수도권 집중이라는 거대한 조류 앞에서 로컬 콘텐츠는 선택이 아니라 필수 인프라가 될 것이다.

사람의 숫자가 줄어드는 시대일수록 사회를 움직이는 힘은 관계, 의미, 소속감 같은 감성적 요인에서 나온다. 지역의 이야기와 상징을 현대적으로 재해석하고 공공 · 민간 · 시민이 함께 소유하고-제작하고-유통하는 콘텐츠 생태계를 구축할 때 지방 소멸 대응 기금 같은 재정 장치가 비로소 효과적인 레버리지로 작동한다. 그러므로 각 지역이 가진 독특한 이야기를 발굴하고 창의적으로 재탄생시키는 작업은 소멸의 위기에 직면한 지방에 새로운 생명력을 불어넣는 희망의 전략이라 하겠다.

인력과 인프라 부족을 채워줄 AI 기술

지방 소멸 담론에서는 인구의 감소와 더불어 고급 인력의 부족이 반복적으로 지적된다. 청년층과 전문직 인력이 수도권으로 집중되면서 지방은 상대적으로 경험과 역량을 갖춘 인재를 확보하기 어려워졌기 때문이다. 지역은 문화 예술, 관광, 교육, ICT 분야 등 다양한 산업에서 기획, 실행, 운영을 담당할 전문가의 부재를 겪는다. 단순히 사람의 수가 적다는 문제를 넘어서 새로운 시도를 이어갈 수 있는 창의적 두뇌와 전문 기술이 부족하다는 것을 의미한다.

첨단 기술을 활용할 수 있는 디지털 인프라 역시 모자라다. 데이터 센터, 안정적 네트워크, 연구 · 개발 거점과 같은 기반 시설이 취약하다 보니 지역에서 로컬 콘텐츠를 창출하고 확산하는 과정에서 경쟁력이 떨어진다. 이러한 한계는 결국 지역을 다시 중앙과 글로벌에 종속시키고 자생적 성장을 가로막는 구조적 약점으로 작용한다.

이러한 고급 인력과 핵심 인프라의 부족을 보완하는

새로운 해결책으로 인공지능(AI)이 주목을 받고 있다. AI 기술은 지식과 경험을 갖춘 전문 인력과 같다. AI는 기획, 디자인, 번역, 마케팅, 데이터 분석 등 다양한 전문 영역에서 로컬의 주체들에게 즉각적으로 도움을 제공한다. 이는 외부 전문가를 수급하기 어려운 로컬에서 비용과 시간을 절감하면서도 수준 높은 결과물을 생산할 수 있게 한다.

또한 인프라의 한계를 극복하는 디지털 기반으로 활용될 수 있다. 클라우드 서비스와 결합하면 별도의 대규모 시설이 없어도 빅데이터 처리, 시뮬레이션, 예측 분석이 가능하다. 예를 들어 농업에서는 지역별 기후와 토양 데이터를 기반으로 스마트한 맞춤형 재배 전략을 제시하고, 관광 분야에서는 방문객 동선을 분석하여 최적의 서비스 배치를 설계해 준다.

AI는 로컬 공동체의 참여와 학습을 촉진하는 효과도 불러온다. 주민들이 직접 AI 도구를 활용해서 콘텐츠를 제작하거나 마케팅에 활용한다면, 전문 인력 부족이라는 제약을 넘어 주민이 곧 창의적 생산자로 전환될 것이다. 중앙과 글로벌 플랫폼에 종속되지 않고도 지역 고유의 이야기를 디지털 네트워크상에서 확산시키는 자율적 도구로 작동할 것이다. 결론적으로 AI는 고급 인력과 인프라 부족으로 인한 지역의 구조적 취약성을 보완하며, 로컬 콘텐츠가 지속 가능한 경쟁력을 확보할 수 있도록 지원하는 동반자로 기능한다.

이 책에서는 지방 소멸에 대응하는 로컬 콘텐츠의 필요성과 역할을 알아보고, 성공적인 AI 도입 사례들을 분야별로 탐구하며, 지역의 지속 가능한 생존 전략을 모색할 것이다.

참고문헌

마스다 히로야(2015). 《지방 소멸: 인구감소로 연쇄붕괴하는 도시와 지방의 생존전략》. 김정환 옮김. 와이즈베리.

모종린(2024). 《크리에이터 소사이어티: 자유롭고 창의적인 개인들이 만드는 우리 모두의 미래》. 김영사.

이상호(2025). "지방 소멸 2025: 신분류체계와 유형별 정책과제". 《지역산업과 고용》. 한국고용정보원.

한국콘텐츠진흥원(2025). "2024 지역콘텐츠산업 실태조사".

OECD(2021). Economic and social impact of cultural and creative sectors: Note for Italy G20 Presidency Culture Working Group.

OECD(2022). Maximising synergies between tourism and cultural and creative sectors: Discussion Paper for the G20 Tourism Working Group.

Ofcom(2024). Review of local media in the UK.

01
로컬 콘텐츠의 정의와 현재

로컬 콘텐츠는 특정 지역의 고유한 특성과 자원을 반영하는 창조적 결과물이며, 지리적 범위를 넘어 공동체성과 일상성까지 포괄하는 개념이다. 로컬 콘텐츠는 중앙집권적 문화 헤게모니에 저항하고 지역의 목소리를 대변하며 중앙의 미디어가 간과한 지역의 이야기를 발굴하는 보완자 역할을 수행한다. 또한 글로벌 콘텐츠 범람 속에서 글로컬화 전략을 통해 문화 다양성을 보전하고 지역의 가치를 세계 시장에 확산시키는 주요 수단으로 작용한다.

기후 위기와 인공지능?

로컬 콘텐츠의 정의

로컬 콘텐츠 개념을 이해하려면 '로컬(local)'과 '콘텐츠(content)'라는 두 가지 어휘를 각각 살펴봐야 한다. '로컬'은 단순히 특정 마을, 도시, 지역 등의 지리적 범위를 넘어 공동체성과 일상성까지 포함하는 의미를 지닌다. '콘텐츠'는 이야기, 정보, 가치, 경험, 정서를 담은 형상화된 결과물을 가리킨다. 그러므로 로컬 콘텐츠란 특정 지역의 고유한 특성과 자원을 반영하는 창조적 결과물을 가리킨다.

로컬 콘텐츠는 평면적으로 정의하기보다는 문화학적, 미디어·커뮤니케이션적, 산업·경제학적, 정책적 관점을 통해 다층적으로 정의할 수 있다. 첫째로 문화학적 관점에서는 특정 지역의 역사와 가치관이 응축된 문화적 표현물로 여긴다. 유네스코(UNESCO)는 로컬 콘텐츠를 "지역 사회의 상황에 부합하면서 지역 사회 자체에서 생성하고 소유하며 적용한 지식과 경험의 표현 및 소통"으로 정의한다. 지역의 창의적 인적 자원에 의해 만들어지며 주민들에게도 의미 있는 콘텐츠가 이에 속한다.

둘째로 미디어·커뮤니케이션적 관점에서는 특정 지역의 주민을 위해서 또는 주민에 의해서 지역의 문제와 관심사를 다루는 미디어 생산물로 정의한다. 로컬 콘텐츠는 지역 공동체가 생성하고 소유하며 적용한 지식과 경험 총체의 표현과 소통이기에 때로는 공동체의 상황과 관련된 콘텐츠를 가리키기도 한다. 한편 조지프 스트로바(Joseph Straubhaar)는 언어, 민족성, 종교, 가치관, 생활양식 등 '문화적 근접성(cultural proximity)' 때문에 선호하게 되는 콘텐츠로 정의한 바 있다. 공통된 기반이 있기에 글로벌 위주의 미디어 흐름에 대한 대안이 될 수 있다고 여겼다.

셋째로 산업·경제학적 관점에서는 지역의 인적, 물적, 문화적 자원을 활용해서 생산되고 소비되며 지역 경제에 부가가치를 창출하는 콘텐츠를 가리킨다. 지역의 문화, 역사, 자연, 인물 등 고유의 자원을 소재로 해서 창의성과 기술력을 더해 경제적, 문화적 부가가치를 만들어 내고 지역 문화 산업의 기반을 이룸으로써 지역의 경제 활성화에 기여한다.

넷째로 정책적 관점에서는 중앙 중심의 발전에서 벗어나 지역 고유의 자원으로 경제 활성화를 꾀하는 지역 균형 발전 정책의 수단으로 활용된다. 예를 들어 방송·통신 규제에서는 일정 비율 이상이 지역 제작 콘텐츠를 의무적으로 편성하도록 하는 조항으로 '지역 콘텐츠 할당량(local content quota)' 제도를 실시하기도 한다.

여러 정의를 종합해 보면 로컬 콘텐츠는 특정 지역의 언어, 문화, 지식, 경험, 기술을 토대로 개인, 공동체, 기업 등 지역 내 주체가 기획, 제작, 유통하는 문화, 정보, 서비스의 산출물로 정의하는 것이 적합하다.

중앙(central)과의 대립 구도

대한민국은 행정적으로 강력한 중앙집권적 모델을 유지해 왔다. 이로 인해 정치, 경제, 미디어의 권력이 수도권 등 중앙에 집중되었다. 이러한 현상은 지역의 목소리와 정체성을 주변화하는 이른바 '중앙 대 주변(centre-periphery)'이라는 관점을 낳았다. 자원에 대한 권력이 중앙에 집중될 때 주변부에서는 표현 능력과 의제 설정 능력이 약화되는 것이다. 특히나 수도권으로의 인구 유입과 자원 집중은 각 지역의 미디어와 문화 생태계의 지속가능성을 위축시키는 원인이 된다. 중앙집권적 콘텐츠의 생산은 일관성 측면에서는 유리해도 로컬 콘텐츠에 비하면 현장성과 현지화가 부족하다.

이러한 헤게모니 속에서 로컬 콘텐츠는 문화적 생존이라는 전략적 의미를 띤다. 우선 로컬 콘텐츠는 중앙의 담론에 저항하고 독립적인 목소리를 알리는 대변자 역할을 한다. 지역만의 독자적인 서사와 미디어 생태계를 구축하려는 시도 즉 지역 독립 미디어와 커뮤니티 라디오 등이 그 예다. 각 지역이나 지사에서 필요에 맞게 콘텐츠를 제작 및 배포함으로써 지역적 특성과 소비자의 요구에 유연하게 응답하는 장점을 지닌다.

또한 로컬 콘텐츠는 중앙의 미디어가 간과한 지역의 이야기를 발굴해서 중앙에 재공급하는 보완자 역할을 수행한다. 지역의 특수성과 다양성을 중앙에 전달함으로써 문화적 지형을 풍부하게 만드는 데 기여하는 것이다. 그러므로 로컬 콘텐츠의 체력 강화는 지역 주체의 기획력과 유통력을 제고하는 것에서 시작되며 지역의 미디어, 플랫폼, 공공 조달, 펀드와 연계해서 실현 가능성을 높인다. 또한 지역 정보와 뉴스의 공론장을 복원해서 로컬 미디어에 의한 민주주의 유지와 사회적 결속 강화의 기능도 수행한다. 중앙의 획일적인 문화적 흐름에 대항하고, 지역 고유의 가치를 재발견하며, 지역 공동체의 자생력을 강화하는 중요한 수단으로 기능하는 것이다.

글로벌(global)과의 대결과 공존

디지털 미디어의 발달로 인해 글로벌 콘텐츠가 범람하고 있다. 이러한 상황에서 로컬 콘텐츠는 대척점에 선다. 유튜브(Youtube)나 넷플릭스(Netflix) 등 글로벌 미디어 플랫폼의 확산은 문화의 표준화와 미국화 즉 문화 제국주의와 동질화에 대한 우려를 낳았다. 글로벌 콘텐츠는 넓은 범위의 보편성을 지향하기 때문에 다양성과 현지성이 소외될 위험이 있다.

그러나 이러한 글로벌 흐름 속에서 로컬 콘텐츠가 단순히 대항하다가 밀려서 소멸하지만은 않는다. 오히려 '글로컬라이제이션(glocalization)' 즉 글로컬화라는 새로운 변증법적 관계 속에서 생존 전략을 찾을 수 있다. 글로컬화는 글로벌 시장에서 유통되는 제품이나 서사가 현지 문화에 적응하여 성과를 내는 하향적 개념으로 시작했으나, 최근에는 로컬이 수동적인 소비자가 아닌 능동적인 변형자로 기능하는 상향적 움직임을 보이기도 한다. 역설적으로 글로벌 플랫폼을 통해 로컬 콘텐츠가 세계 시장에 진출하는 현상을 보이는 것이다. 이는 글로벌 코드와 로컬 정서의 성공적인 결합을 통해 이루어진다. K-콘텐츠가 '코리아'라는 로컬의 지역을 글로벌적인 장소로 만든 사례나 BTS가 소개한 덕분에 유명해진 '홍대'라는 로컬 장소의 글로벌화가 대표적인 예시다.

필립 코틀러(Philip Kotler)는 국가 브랜드를 형성할 때 이름, 상징, 디자인 등을 통해 사람들의 믿음과 감정을 유도한다고 설명한다. 특정 장소의 정체성, 가치, 경험을 형상화하여 매력과 브랜드 가치를 구축하는 활동이라는 의미이기에, 결국에는 관광 유치, 투자 유치, 인재 유치와 연결될 수밖에 없다. 지역적 특수성을 강조하는 로컬 콘텐츠는 글로벌 시장에서 차별화된 위치를 점유하기 위한 전략으로 기능하는 것이다.

로컬 콘텐츠는 문화 다양성을 보전하는 역할을 맡기도 한다. 유네스코의 '문화 다양성 선언'에 따라 세계 문화의 다양성을 유지하는 기반이 된다. 지역의 지식과 경험을 표현하고 전승하는 과정을 촉진함으로써 문화 다양성을 보존하는 핵심 매개체가 되어 로컬의 가치를 글로벌에 퍼뜨리는 '상향적(bottom-up) 글로컬화'를 실행하는 것이다. 글로벌 서비스를 제공하는 넷플릭스도 현지 언어로 현지 문화와 이야기를 담아 공감대를 형성하는 오리지널 콘텐츠를 제작하며, 이를 글로벌 시장에서의 가입자 확보와 유지를 위한 핵심 전략으로 활용한다. 이는 글로벌 플랫폼이 '로컬'이라는 특성을 전략적으로 재해석하고 소비하는 '하향적(top-down) 글로컬화'의 전형적인 사례다.

결국 로컬 콘텐츠는 글로벌이라는 흐름 속에서 그 고유성과 차별성을 유지하며 문화적 다양성을 증진시키는 역할을 수행하는 중요한 존재라 하겠다.

지방 소멸 시대, 로컬 콘텐츠의 가치

로컬 콘텐츠는 지역의 고유한 자원을 창의적으로 활용하고 스토리텔링을 입혀서 새로운 가치를 창출하고 지역에 활력을 불어넣는 성공 사례들을 만들어 내고 있다. 예를 들어, 국내에서는 전라남도 신안군이 보라색 꽃과 섬이라는 자연 자원에다가 컬러 마케팅을 융합시켜 '퍼플섬'을 만들어 내 지역 활성화에 크게 기여했다. 강원도 춘천시의 '감자밭'은 지역 특산물 감자를 활용한 창의적인 제품 개발과 스토리텔링 접목으로 높은 부가가치를 창출했다. 인천광역시의 '개항로 프로젝트'는 로컬 크리에이터들이 역사적 유산과 근대 건축물을 현대적인 문화 공간으로 재해석하게 해서 도시 재생을 성공적으로 이끌었다.

지방 소멸에 대응하기 위한 로컬 콘텐츠의 중요성이 커지면서, 정부와 지자체의 정책도 변하고 있다. 정부는 지역의 인적, 물적 콘텐츠로 인구 유입을 꾀하는 글로컬 프로젝트에 대한 지원을 늘리고 있다. 일률적인 처방보다는 지역 스스로 자구책을 찾도록 하고, 창의적이고 지속 가능한 콘텐츠를 통해 지역에 대한 인식의 전환을 도모하는 쪽으로 전환되고 있다. 지방 소멸 대응 기금과 관광 산업 연계와 같은 정책들이 이에 해당된다.

지역 재생에서는 로컬 크리에이터의 육성이 핵심 과제로 주목받고 있다. 관련 조례 제정을 비롯해 입법적인 검토가 요구되고 있다. 창업 및 네트워킹 지원, 인큐베이팅 시스템과 교육 프로그램 실행을 통해 로컬 크리에이터들이 지역에서 자생적으로 활동할 환경을 조성해야 한다. 이러한 정책 지원은 인프라 건설 중심에서 벗어나 지역 내 창의적 인재 발굴과 육성 그리고 스토리텔링 개발 지원으로 전환되어야 한다. 또한 주민이 정책의 수혜자가 아닌 주체가 되어 콘텐츠를 기획하고 생산하는 주민 주도형 사업 모델의 개발도 필요하다.

참고문헌

Khan, A. W.(2003). Promoting Local Content. UNESCO.

Kotler, P. et al.(1993). *Marketing Places: Attracting Investment, Industry, and Tourism to Cities, States, and Nations.* Free Press.

Scott, J.(2014). Centre-periphery Model. *A Dictionary of Sociology*(4th ed.). Oxford University Press.

Straubhaar, J.(2017). *Media Now: Understanding Media, Culture, and Technology*. Cengage Learning.

Straubhaar, J.(2021). Cultural Proximity. In Jin, D. Y.(ed.). *The Routledge Handbook of Digital Media and Globalization.* Routledge.

02
고도화된 AI의 지역 도입

지방 소멸이 가속화되는 원인은 복합적이어서 정부의 재정적 지원만으로는 지자체의 위기를 해결하는 데 한계가 있다. 이에 지역의 지속 가능성을 확보하기 위한 핵심 전략으로 AI 도입이 주목을 받는다. AI 기술은 지역의 만성적인 인력난과 행정력 한계를 극복하는 효율화 도구로 작용하며, 고유한 콘텐츠를 재해석해 문화적 경쟁력을 높이는 데도 유용하다.

노래하는 AI 보컬?

AI 기술을 이용한 사회의 혁신과 전환

대한민국은 인구의 수도권 집중화와 총인구의 자연 감소라는 심각한 변곡점에 직면했다. 지방 소멸도 지속적으로 진행되어 2022년 기준으로 전국 시 · 군 · 구 중 절반 이상이 '소멸 위험 지역'으로 분류되는 등 위기의 심각성이 증대되고 있다. 지방 소멸 현상은 단순히 인구 감소에 그치지 않고 지역 경제의 위축, 인프라 노후화, 의료 및 생활 인프라 부족, 지방 행정력의 한계 등이 맞물려 복합적인 악순환 구조를 형성하고 있다.

기존의 지방 소멸 대응 정책은 주로 재정 지원에 초점을 맞춰 왔다. 그러나 구조적 문제를 근본적으로 해결하는 데에는 한계가 잇다. 이러한 지역 위기를 극복하고 지속 가능성을 확보하기 위한 핵심적인 전략적 도구로 AI 기술의 도입이 주목받는다. AI는 지방이 겪는 고질적인 인력난과 행정력 한계를 해결하기 위해 효율성 극대화와 과학적 정책 결정으로 해소하는 기능을 하기 때문이다. 물론 이를 위해서는 필립 쿡(Philip Cooke)이 제안한 '지역 혁신 시스템(RIS)'에서처럼 지자체, AI 기업, 지역 대학 간의 협력과 협업 체계가 구축되어야 한다.

AI의 도입은 지방의 경제 · 사회 구조를 근본적으로 혁신해서 지속 가능한 발전 모델을 구축하는 데 필수적이다. 프랭크 길스(Frank Geels)가 언급한 '사회 기술적 전환(socio-technical transition)' 개념으로 보면, AI는 지방 소멸의 위기 속에서 기술 혁신과 제도 혁신이 결합된 사회 기술적 전환의 매개로 작동한다. 예를 들어 AI를 활용하면 지방에서도 수도권과 유사한 공공 서비스 제공이 가능하다는 기대가 커지고 있다. 궁극적으로 AI는 인구 감소라는 위기를 오히려 기회로 전환하는 의미를 가진다 하겠다.

AI 도입으로 행정 효율 극대화

AI는 지방자치단체의 만성적인 인력 부족 문제를 해소하고, 행정 업무의 효율성을 극대화하며, 재난 및 교통안전 시스템을 혁신하는 강력한 도구로 활용되고 있다. 경상북도는 행정 업무에 특화된 AI 챗봇 '챗경북'을 도입했다. 1시간가량 걸리던 보도자료 초안 작성을 불과 3분 만에 해결해 공무원들이 기획, 정책 입안, 직접 서비스 제공과 같은 업무에 집중하도록 지원한다.

세주도는 관광객과 차량의 증가로 교통 혼잡이 발생해서 긴급 차량이 현장에 신속하게 도착하기 어려워지는 경우가 늘자 AI 기반 스마트 교통 시스템을 구축했다. 1120개소에 달하는 모든 신호기와 소방 긴급 차량 146

대에 적용했다. AI 영상 분석 기술을 활용하여 긴급 차량이 정체 없이 운행할 수 있도록 신호 체계를 최적화하는 기능도 탑재했다. 덕분에 2024년 한 해 동안 8047건에 이르는 긴급 이송이 성공적으로 이루어졌다. 또한 새로운 인프라를 구축하지 않고 CCTV 등 700여 개의 기존 인프라를 활용해 200억 원이 넘는 경비를 절감했다.

지역 자원의 재창조와 삶의 질 개선

AI는 인력난에 시달리는 지방이 고유의 매력을 재창조해서 창의적인 콘텐츠를 제작하도록 돕고 있다. 전라남도 순천시는 지역 축제인 '글로벌 콘텐츠 페스티벌'을 홍보하기 위해 생성형 AI를 활용해 트레일러 영상을 제작했다. 이 영상은 실사가 아닌 AI 기술로 제작되었다. 기존의 영상 제작 방식보다 훨씬 짧은 시간에 고품질의 홍보 콘텐츠를 생산함으로써 지방자치단체도 대규모 예산이나 인력 없이 홍보 경쟁력을 확보할 수 있음을 증명했다.

대한민국 문화 도시로 선정된 각 지역은 AI 디지털 기술을 활용한 지역 문화 콘텐츠 개발과 예술 생태계 조성을 적극 추진 중이다. 서울특별시 관악구의 청소년 문화기획단 프로그램은 다양한 사회적 주제를 융합 콘텐츠로 표현하는 등 AI와 3D 프린팅을 활용해 창작 활동을 지원하고 있다. 경기도 양평군의 청년 작가전은 AI를 활용한 예술 창작 방식을 실험했다. 이처럼 AI는 지역 문화유산을 복원하고, 역사 속 인물 등 지역의 문화 자산을 현대적 콘텐츠로 재탄생시켜 청년층의 관심을 유도한다. 이는 지방의 지속 가능성을 사회적, 문화적 관점으로까지 확장시키는 중요한 역할이다.

돌봄 인력이 부족한 지방은 AI 기술을 통해 건강과 안전을 모니터링하는 식으로 복지 사각지대를 해소할 필요가 있다. 또한 대도시에 비해 교육 격차가 크게 벌어지는 상황을 보완하는 데도 AI와 디지털 기술이 유용하게 쓰일 것이다. 에너지 관리의 측면에서도 소규모 마을 단위로 AI 기반 스마트그리드를 운영한다면 비용을 절감하고 친환경 시스템으로 전환하는 것이 가능해진다. 산사태, 홍수, 산불 등 지방에서 빈번하게 발생하는 재난을 예측하고 대응하는 위험 관리 시스템을 구축하는 데도 도움을 준다.

이러한 사례들은 AI가 지자체의 고질적인 문제를 해결하고 실질적인 성과를 창출할 수 있음을 입증한다. 이처럼 성공적으로 AI를 도입하기 위해서는 성공 요인과 더불어 전략적 접근 방법도 살펴볼 필요가 있다.

성공적인 AI 도입의 핵심 조건

앞의 사례들에서 도출되는 핵심 성공 요인은 5가지를 꼽을 수 있다. 첫째는 문제 해결 중심의 접근이다. 기술 도입을 목적으로 삼는 것이 아니라 인구 고령화, 인프라 부족, 산업 쇠퇴와 같은 시급한 문제를 해결하는 데 활용하는 것이다.

둘째는 비용 효율성 극대화다. 새로운 대규모 투자를 하기보다는 기존 인프라를 재활용하고 AI로 지능화해서 효과를 극대화한 사례가 많다. 지방자치단체가 AI를 도입할 때는 새로운 하드웨어보다 기존 자산을 지능화하는 쪽이 더 높은 투자수익률(ROI)을 달성할 수 있다.

셋째, 민관 협력과 생태계 조성이다. 공공 영역이 해결하기 어려운 기술적 난제는 민간 기업의 전문성을 활용하는 것이 효과적이다. 부산광역시 해운대구가 네이버의 AI 서비스인 '하이퍼클로바'를 도입하여 돌봄 서비스를 구축한 것이 그 예다.

넷째, 데이터 기반의 의사 결정과 성과 입증이다. AI가 수집하고 분석한 데이터를 통해 지자체 정책의 성과를 정량적으로 증명하고, 이를 효율적인 자원 배분 및 정책 개선의 근거로 활용하는 것이다.

다섯째, 사용자 중심의 서비스 설계다. 기술의 난이도

보다는 사용자의 편의성과 참여에 초점을 맞춘 서비스 디자인이 성공의 핵심이 된다. 충청북도 청주시의 '버릴 시간' 앱이 인센티브를 통해 주민 참여를 유도한 사례가 이에 해당한다.

지속 가능한 혁신을 시도하라

AI 도입 과정에는 지역적 불균형과 정책적 실패 위험이라는 문제도 발생한다. 대한상공회의소 자료에 따르면 수도권 기업의 AI 활용률은 40.4퍼센트에 달한 반면에 비수도권은 17.9퍼센트에 그쳤다. 이 수치는 지역적 디지털 격차가 여전히 심각한 상황임을 보여 준다. 대규모의 빅뱅 방식보다는 작지만 성공 가능성이 높은 소규모 거점형 모델을 우선 추진해서 경험을 축적한 후 점진적으로 확산해 나가는 전략이 적합하다.

AI를 활용해 지역이 지속 가능한 혁신을 이루려면 어떠한 정책을 실행해야 할까. 첫째는 지역 AI 발전 로드맵 수립이다. AI가 지방 균형 발전의 동력으로 작용하도록 국가 차원의 전략을 수립하는 것이다. 중앙 정부는 지방 소멸 대응 기금을 AI 인프라 구축 및 지역 특화 인재 양성에 우선 배정해야 한다.

둘째는 AI 지원 센터 구축이다. 지자체라는 '제1섹터'

와 기업이라는 '제2섹터' 그리고 지역 대학과 연구기관이라는 '제3섹터'가 협업해서 AI 지원 센터를 설립하고, 지역 특화 산업에 대한 맞춤형 AI 컨설팅 및 기술 지원을 제공해야 한다. 이는 높은 초기 투자 비용에 대한 부담을 완화하고 기술력 부재라는 문제를 해결하는 데 효과적이다.

셋째는 AI 리터러시 교육이다. AI를 활용한 행정 혁신이 성공적으로 정착하려면 공무원의 역량 강화가 필수적이다. 또한 디지털 격차 해소를 위해 취약 계층을 포함한 전체 주민을 대상으로 AI 활용 교육을 제공해야 한다. AI 기술이 모두에게 평등한 혜택을 가져오도록 하기 위한 조치다.

넷째, AI 윤리 준수 및 거버넌스 구축이다. AI 시스템은 데이터 유출 위험을 내포하기에 민감한 개인 식별 정보가 포함될 우려가 있다. 또한 학습 데이터가 편향성일 경우에는 부적절한 의사 결정으로 이어질 수도 있다. 따라서 도입의 초기 단계부터 AI 윤리에 대한 제도적 장치를 마련하고 관련 조례 제정을 추진해서 AI 활용에 대한 시민들의 신뢰를 확보하는 것이 필수적이다.

지속 가능성을 위한 지역의 필수 전략

AI는 지방 소멸이라는 구조적 위기에 직면한 우리 사회에 새로운 돌파구를 제공할 것이다. 보건 · 복지, 산업 · 경제, 행정 · 정책, 문화 · 예술 등 지역 사회의 생산성과 안전 그리고 삶의 질을 동시에 향상시킬 수 있기 때문이다.

성공적인 지역 혁신은 AI를 기술 자체가 아닌 문제 해결의 수단으로 인식하고, 기존 인프라를 개선하고 지능화하며, 민 · 관 협력을 통해 지역 특성에 맞는 솔루션을 개발하는 데서 출발한다. 지자체가 기존의 성공 사례를 모델 삼아 특화된 AI 서비스를 개발하고 인력 양성에 집중한다면, 독자적인 성장 동력을 확보해서 새로운 기회를 창출할 수 있다. AI는 지방의 인적, 물적 자원의 한계를 극복하고 주민들의 삶을 더 안전하고 풍요롭게 만드는 데 결정적인 역할을 맡을 것이다.

참고문헌

뉴시스(2024.10.16). "순천에 뜬 '이상한 변호사 우영우' … 콘텐츠축제 알린다".

대한상공회의소(2024). "국내 기업 AI 기술 활용 실태 조사".

스마트투데이(2022.3.24). "'네이버 클로바 케어콜' 전국 어르신 '스마트 돌봄'에 "한몫"".

스포츠경향(2025.7.29). "'관악청소년 문화기획단 3기' 성과공유회 성료… AI·문화예술기획이 만난 청소년 프로젝트".

한국경제(2024.6.12). "사업계획서 등 작성 3분에 뚝딱… 경북도, 행정업무에 AI 활용".

전광섭(2024). "지역소멸 막는 맞춤형 정책과 전략: 지방 소멸 방지 정책의 현주소와 시사점". 《지방공공기관》, 45.

제주방송(2025.7.3). "AI 교통신호체계로 205억 원 교통 혼잡비용 절감".

중부시사신문(2025.7.17). "양평군립미술관, 2025 양평이 주목하는 청년작가전 개최".

충청타임즈(2022.9.7). "환경종합 앱 '버릴시간' 이용하세요".

Cooke, P.(1992). Regional innovation systems: Competitive regulation in the new Europe. *Geoforum, 33*(3-4).

Geels, F.(2019). Socio-technical transitions to sustainability: a review of criticisms and elaborations of the Multi-Level Perspective. *Current Opinion in Environmental Sustainability, 39*.

03
로컬 스토리텔링을 위한 활용

인력과 예산이 부족한 지방에서 효율적이고 창의적인 로컬 스토리텔링 도구로 AI가 주목받고 있다. 지역의 고유한 이야기를 기록하고, 현대적으로 재해석하며, 콘텐츠 제작에 활용되어 부가가치를 창출한다. AI 기술이 더 발전하면 지방은 수도권과의 격차를 줄일 뿐만 아니라 자신만의 독특한 스토리텔링으로 오히려 경쟁 우위를 확보할 수 있다. 단순한 도구로 쓰이는 것을 넘어 지역 경쟁력을 강화하는 동반자가 되는 것이다.

인공지능과 편향?

지역의 이야기를 발굴하고 전달하라

'로컬 스토리텔링(local storytelling)'은 특정 지역이 가진 고유한 이야기를 발굴하고 전달하는 과정이다. 지역의 기억과 정체성을 기록하는 데서 출발하는 것이 바람직하지만 현실적인 한계도 존재한다. 이야기의 원천이 되는 자료들이 방대하고 비정형적인 형태로 흩어져 있기에 수집과 분석에 막대한 시간과 인력이 소요된다. 발굴된 이야기를 현대적인 감각에 맞게 재창조하고, 대중의 흥미를 유발할 수 있는 매력적인 콘텐츠로 가공하기에는 지역의 인적, 물적 자원이 부족하다.

AI는 로컬 스토리텔링의 패러다임을 근본적으로 바꿀 혁신적인 도구다. 이야기 자원을 기록하고 아카이브화하는 과정에서 강력한 힘을 발휘하기 때문이다. 정보를 나열하는 것을 넘어서 그 지역만의 역사와 문화, 사람들의 삶이 담긴 서사를 구성하여 콘텐츠로 제작하는 데도 유용하다. 로컬 스토리텔링이 지속 가능한 문화 산업으로 성장하는 데서 핵심적인 동력으로 기능하는 것이다.

기호학자 알기르다스 그레마스(Algirdas J. Greimas)는 '의미 생성 경로(Generative trajectory of meaning)'을 제안하며, 이야기라는 것이 단순한 사건의 나열이 아닌 여러 요소들이 상호작용하면서 의미를 생성하는 구조적 과정이라고 강조했다. AI 기술을 기호학과 결합시키면 지역의 스토리 자원을 재구성해서 새로운 이야기를 만들어 내는 서사 엔진으로 사용할 수 있다. 제한된 자원으로도 양질의 콘텐츠를 생산할 수 있다는 점에서 지방에게는 큰 기회로 작용한다. 지역을 이야기가 살아 있는 공간으로 재탄생시키는 데 특히 유용하다.

사라져가는 지역 이야기를 지켜내는 AI

로컬 스토리텔링의 가장 근본적인 가치는 기록과 보존으로 만들어진다. 지역은 저마다 수백 년 동안 전해 내려온 설화, 노래, 구술 문화, 생활 풍습을 품고 있다. 그러나 기록되지 않은 이야기는 쉽게 망각 속으로 사라지기 때문에 산업화와 도시화로 인해 지역의 이야기 세계가 흔적도 없이 사라지곤 한다.

AI는 바로 이 지점에서 중요한 도구로 기능한다. 음성 인식, 자연어 처리, 이미지 복원, 데이터베이스화 같은 기술을 종합적으로 활용하여 텍스트화된 기록뿐만 아니라 이야기의 분위기, 억양, 정서까지 저장한다. 나아가 후대의 연구자나 창작자가 이를 기반으로 새로운 콘텐츠를 만들 수 있도록 살아 있는 아카이브를 만들어 낸다.

부산 동래구에 전해 내려오는 '금샘의 전설'은 구전으

로만 존재해 언제든 사라질 위험에 처해 있었다. 부산정보산업진흥원은 전승된 텍스트 기록, 현지 주민의 증언, 관련 문화유산 자료로 AI에게 학습시켜서 이야기 구조를 정리하고 영상 콘텐츠로 재탄생시켰다. 지역의 구전설화를 기록하는 데서 멈추지 않고 디지털 문화 자산으로 변신시킨 것이다.

지역의 이야기를 다시 쓰는 AI

로컬 교육의 핵심은 지역에 잠들어 있는 이야기들을 지금의 아동과 청소년층이 즐길 수 있는 콘텐츠로 재창조하는 것이다. 생성형 AI는 이 과정에서 교사와 학생 모두의 창의력을 증폭시키는 강력한 제작 도구가 된다.

AI 서비스 기업 '스토리클래스(Storyclass)'는 이야기 자원을 콘텐츠로 바꿔주는 스토리 생성 AI를 개발했다. 초등학생들이 자신만의 동화책을 만드는 프로젝트를 진행하기 위해서다. 이야기의 주인공, 배경, 핵심 사건 등 몇 가지 키워드를 입력하면, AI가 그에 맞는 플롯을 작성해 주고 삽화도 생성한다. 완성된 내용을 영상 오디오북으로 만들 수도 있다. 이를 이용하면 아이들이 지역의 이야기 자원을 수동적으로 소비하지 않고 직접 창작자가 되어 보는 것이 가능하다. 지역에 대한 애정과 문해력을 동시에 기르는 효과를 기대할 만하다.

서울특별시는 AI 스토리 제작 플랫폼 '루이스'를 이용해 국내 최초의 생성형 AI 사용 공모전 '테크놀 서울'을 진행했다. 기획부터 참여와 심사까지 모든 과정에서 생성형 AI를 사용했으며, 채팅 식으로 진행되는 프롬프트 추천 과정을 거치면 작품 내 모든 요소를 쉽게 결정할 수 있다. 우선 스토리 설정 단계에서는 소재, 장르, 등장인물, 줄거리, 제목을 정한다. 다음으로 세계관 설정 단계에서는 세계관 스토리, 주요 장소, 주요 장면을 클릭을 통해 입력한다. 그러면 AI가 캐릭터와 배경까지 이미지로 보여 주기 때문에 배우 섭외나 콘티 제작으로 이어가기가 수월하다.

로컬 크리에이터의 콘텐츠 제작 지원

스토리텔링은 일방향 전달이 아닌 참여를 통해 더욱 활발하게 살아난다. 지역의 이야기를 전달하는 로컬 크리에이터들에게 AI 도구는 창작의 효율성을 높이고 표현의 폭을 넓히는 강력한 도구가 된다. 또한 지역민과 방문객 모두를 이야기의 주체로 만들 수 있다.

경주시는 국토교통부의 '디지털 트윈 국토' 시범 사업에 선정돼 사업비 10억 원을 들여 대화형 경주 관광 AI

챗봇 서비스 'ChatGTS'와 '서라벌 시간 여행' 메타버스 모델을 구축했다. ChatGTS는 AI를 활용해 문화 관광 분야 맞춤형 정보를 제공하며, 메타버스는 실감형 3차원 디지털 공간에서 신라 시대 서라벌의 모습을 체험시켜 준다.

유럽연합(EU)은 '유로피아나(Europeana)'라는 디지털 플랫폼을 구축해 각국의 지역 자료를 제공하고 있다. 이 서비스는 유럽 각지의 전통 설화, 미술품, 공예품 자료를 AI가 태깅과 함께 아카이브하고 번역, 요약, 추천 기능을 제공함으로써 각국 이용자가 지역 문화에 접근하도록 도와준다. 유럽의 작은 마을에서 유래한 설화를 아시아 학생들이 학습 자료로 이용하는 식으로, 로컬의 스토리가 글로벌 차원에서 사용될 수 있음을 보여 준다.

맵박스(Mapbox)와 펠트(Felt) 같은 프로그램을 이용하면 스토리텔링 지도를 만들 수도 있다. 웹사이트나 키오스크 화면에 지역 지도를 띄우고 사용자가 특정 지점을 클릭하거나 동선을 그리면 해당 경로에 얽힌 설화나 역사를 AI가 동적인 애니메이션과 스토리로 보여 주는 식으로 인터랙티브 기능을 적용하는 것이다.

2020년 캐나다 온타리오 지역의 더핀스 크릭(Duffins Creek) 습지가 개발되면서 이에 반대하는 시민운동이 시작되었다. 인근 더럼(Durham) 지역의 중학생들은 맵박스의 인터랙티브 스토리텔링 템플릿을 이용해 쉽게 이해되는 스토리맵을 만들었다. 지방 정부의 오픈 데이터에서 공간 데이터를 다운로드하고 관심 구역에 해당되는 부분을 업로드해서 편집하고 SNS에 공유하는 기능까지 넣었다. 이 지도는 대중들에게 환경의 중요성을 인식시켰고 여론 형성에 기여해서 결국 개발을 철회시켰다.

IBM의 왓슨 어시스턴트(Watson Assistant)나 구글의 다이얼로그플로(Dialogflow)를 이용하면 지방의 전시관, 박물관 등에서 대화 방식으로 전시 자료를 설명해 주는 AI 디지털 도슨트(docent) 서비스를 만들 수 있다. "이 그림은 누가 그렸어요?", "왜 이 유물이 중요해요?", "이 사건은 지역에 어떤 영향을 끼쳤어요?" 등의 질문을 음성으로 던지면 AI 스피커나 키오스크가 상세한 답변을 들려주는 식이다. 정해진 설명만 반복하는 기존 오디오 가이드와는 다르게 관람객의 호기심에 맞춰 능동적으로 정보를 제공하는 맞춤형 전시 해설이 가능해진다.

독특한 스토리텔링으로 차별화하라

로컬 스토리텔링은 지역의 정체성을 확립하고 경쟁력을 강화함으로써 현재와 미래를 연결하는 문화적 생존 전략이다. AI 기술은 로컬 스토리텔링에 새로운 가능성을 제공하고 있다. 관광 안내에서부터 축제 운영, 콘텐츠 제작, 문화재 보존에 이르기까지 지방이 가진 자원의 한계를 극복하고 더 나은 서비스를 제공할 수 있게 해 준다. 앞서 언급한 다양한 사례들은 AI가 지역의 이야기를 지키고, 살리고, 퍼뜨리는 도구임을 보여 준다.

특히 주목할 점은 AI가 효율성만 높이는 것이 아니라, 지역의 고유한 이야기를 더 풍부하고 창의적으로 전달하도록 도와준다는 것이다. 생성형 AI는 지역의 역사와 문화를 다양한 형식으로 재해석하고, 방문객 개개인에게 맞춤형 경험을 제공하며, 로컬 크리에이터들이 더 쉽게 양질의 콘텐츠를 제작할 수 있게 지원한다.

앞으로 AI 기술이 더욱 발전하면서 지방은 수도권과의 격차를 줄이고 오히려 자신만의 독특한 스토리텔링으로 경쟁 우위를 확보할 수 있을 것이다. 중요한 것은 기술 자체가 아니라 그 기술을 활용하여 어떤 이야기를 어떻게 전달할 것인가다. 지역의 진정성 있는 이야기와 AI의 기술적 가능성이 만날 때 로컬 스토리텔링은 진정한 가치를 창출할 수 있을 것이다.

참고문헌

김성도(2020). 《구조에서 감성으로: 그레마스 기호학 및 일반 의미론의 연구》. 고려대학교출판문화원.

부산정보산업진흥원(2025.7.9). "부산 AI융합 콘텐츠 육성 박차… 올해 20개 기업 선정". http://www.busanit.or.kr/board/view.asp?bidx=17688&bcode=newsreleases&ipage=1

오성익 외(2025). "디지털 트윈의 흐름 및 동향 분석과 발전방향에 대한 고찰". 《한국BIM학회논문집》, 15(1).

지역정보화 편집실(2024). "문화·관광 분야에서의 생성형 AI 지자체 활용 방안". 《지역정보화》, 142.

한국지능정보원(2024). "키워드 분석으로 살펴본 2024년 AI 주요 트렌드". 《AI@Data Report》, 2024-5.

Europeana: Discover Europe's digital cultural heritage. https://www.europeana.eu

Mapbox(2021.8.3). Grade 7 students save wetland with a storytelling map.

Multilingual(2025.6.30). Basque Language Finds a Digital Ally in Local AI Translation Tools.

Rewired(2021.9.21). Linguistic Revival: How Japan Restored the Native Ainu Language with 'AI Pirika'.

04
역사 콘텐츠를 위한 활용

AI는 역사를 부활시키는 데도 강점을 보인다. 잊혀가는 지역의 정체성을 AI 기술로 보존하고 대중적인 역사 콘텐츠로 전환시켜 관심을 유도한 사례들이 있다. 훼손된 역사 기록물을 복원하고, 방대한 사료에서 숨겨진 이야기를 발굴하며, 개인 맞춤형 역사 가이드를 제공하고, 일반인의 참여를 유도해서 지역의 역사를 콘텐츠로 재탄생시키는 것이다.

청각장애인과 AI?

지역의 역사에 생명력을 불어넣어라

지역의 역사는 박물관의 유리벽 안에 박제된 과거가 아니다. 우리가 걷는 골목길, 오래된 가게의 간판, 그리고 대대로 전해 내려오는 이야기 속에 살아 숨 쉬는 정체성의 뿌리다. 그러나 지역의 소중한 역사 콘텐츠는 복잡하고 방대한 사료, 훼손된 유물, 그리고 젊은 세대의 무관심 속에서 점차 잊혀가고 있다. 이러한 상황에서 먼지 쌓인 역사를 생생한 이야기로 부활시키는 혁신적인 도구로 AI가 주목받고 있다. AI는 낡은 흑백 사진에 색을 입혀 과거의 순간을 재현하고, 가상현실(VR)을 통해 사라진 성곽을 눈앞에 세우며, 어려운 역사적 사실을 흥미로운 이야기로 풀어주는 똑똑한 안내자가 된다.

모리스 알브박스(Maurice Halbwachs)의 '집단 기억(collective memory)'을 응용한 얀 아스만(Jan Assmann)의 '문화 기억(cultural memory)' 개념을 적용해 보자. 역사적 기록물은 단순한 정보가 아니라 공동체 정체성을 지탱하는 기억의 매개체다. 이를 AI를 통해 복원하는 것은 재매개 과정을 통해 생명력을 불어넣는 것이다. 또한 가상 고고학(virtual archaeology)을 창시한 폴 라일리(Paul Reilly)의 의견처럼, 3D 모델을 과거의 유적이나 유물을 복제하는 것이 아니라 과거를 직접 탐색하고 실험해 볼 현실의 대리물로 볼 만하다. 그렇다면 에릭 챔피언(Erik Champion)이 제시했듯이 디지털 데이터를 이용해서 사용자가 의미 있는 경험을 하도록 만든 상호작용적인 가상 환경 즉 '가상 유산(virtual heritage)'이 가능해진다.

이번 장에서는 AI가 로컬 역사 콘텐츠의 발굴, 복원, 체험, 소통의 과정에 어떻게 기여하여 우리 지역의 이야기를 어떻게 더욱 풍성하게 만들었는지 사례를 통해 탐구하고자 한다.

시간의 흔적을 되살리는 AI 기술

세월의 흐름 속에 빛이 바래고 훼손된 기록물이나 사진 등의 유물들은 그 자체로 소중한 역사 콘텐츠다. AI는 딥러닝 기술을 통해 원형을 복원하고 디지털 형태로 보존함으로써, 사라질 뻔했던 과거의 순간을 우리 곁으로 다시 불러온다.

이탈리아의 '베수비오 챌린지(Vesuvius Challenge)'가 대표적인 사례다. 서기 79년 베수비오 화산 폭발로 인해 폼페이 인근 도시 헤르쿨라네움(Herculaneum)에서 숯처럼 탄화된 파피루스 두루마리를 물리적 손상 없이 해독하는 일종의 경진 대회다. 우승팀은 '싱크로트론

(Synchrotron)'이라는 입자 가속기에서 생성된 강력한 X-선을 사용해서 고해상도로 두루마리를 단층 촬영(CT)했다. 이후 머신러닝을 통해 다른 파피루스 조각의 잉크 패턴을 학습하고 탄화된 파피루스 내 잉크의 분포를 측정했다. 그 결과를 두루마리 형태로 만들어 가상으로 펼치는 작업을 통해 유물의 손상 없이 텍스트를 읽어냈다.

서울기록원은 1950년대부터 1980년대까지 서울의 모습을 담은 흑백 사진을 컬러로 복원하고 색인어를 도출하는 프로젝트를 진행했다. 2018년에 서울시 정보공개정책과로부터 58만여 개의 시정 사진 디지털화 파일을 이관받아 지금까지 10만 장 이상을 작업했다. 합성곱 신경망(CNN)으로 고해상도 복원을 진행하고, 적대적 생성 신경망(GAN)으로 컬러화를 실행한 후 내용에 따라 색인어를 태그하는 방식이다. 오래된 기록물에 컬러를 입혀 복원하는 작업은 사회 · 문화 · 경제적 측면에서 중요하게 인식된다. 전쟁, 해방, 시위, 일상생활 등 기록물이 담고 있는 역사적 상황을 생생하게 전달해서 대중의 공감대와 접근성을 높이기 때문이다. 결과물 전시는 5만 명이 넘는 관람객을 유치했고, 온라인으로 공개된 사진들은 SNS에서 2만 회 이상 공유되어 세대 간의 역사적 공감대를 형성하는 데 기여했다는 평가를 받았다.

기록의 행간에 숨겨진 서사의 발굴

역사는 대부분 승자의 기록으로 이루어진다. 그러나 방대한 사료 속에는 수많은 평범한 사람들의 삶과 이제는 잊혀진 사건들도 잠들어 있다. AI는 인간 연구자가 평생을 노력해도 어려울 작업을 단시간에 처리하며, 역사학자처럼 기록의 행간에 숨겨진 지역의 진짜 이야기를 찾아낸다.

영국 국립기록보관소(TNA)가 AI를 기반으로 미시사를 복원한 사례를 살펴보자. 국가 단위의 거대 아카이브 속에 파편화되어 잠들어 있는 개인의 기록을 통해 다문화 공동체의 역사적 정체성을 조명하자는 요구가 있었다. 이에 따라 1차 세계대전 당시 복무했던 인도 군인들의 흩어진 기록을 분석하고 연결했다. 광학 문자 인식(OCR), 자연어 처리(NLP), 개체명 인식(NER) 기술을 통해 손으로 쓴 복무 기록, 편지, 부대 일지 등을 판독하고 특정 인물의 행적을 재구성했다. 이 프로젝트를 통해 이전에는 신원 파악이 불가능했던 인도 군인들 수천 명의 병적 기록이 데이터베이스화되었다. 이는 영국 내 인도 커뮤니티의 역사 교육에 핵심 자료로 활용되고 있다

유럽연합은 '트란스크리부스(Transkribus)'라는 손글씨 인식(HTR) 특화 플랫폼을 개발해서 수많은 고문서의

필기체를 디지털 텍스트로 변화시켰다. 중세부터 현대까지 언어나 글씨체에 관계없이 모든 종류의 손글씨 문서를 처리하도록 설계되었다. 초벌 인식된 텍스트 위에 사람의 검수를 더하는 하이브리드 방식을 통해 인식 정확도와 처리 속도를 함께 향상시켰다. 특히 난해한 필체로 유명한 영국 철학자 제러미 벤담(Jeremy Bentham)의 전집이나 10만 쪽이 넘는 손글씨 경찰 기록을 디지털로 전환하고 있다. 트란스크리부스는 공개적으로 이용 가능한 AI 중에서 가장 진보된 손글씨 인식 플랫폼에 속한다. 지금까지 처리한 문서가 1억 쪽 이상이고 등록 사용자만 30만 명이 넘는다.

나만을 위한 역사 가이드의 탄생

모든 사람이 역사에 대해 동일한 지식과 흥미를 가지는 것은 아니다. AI는 사용자 개개인의 수준과 관심사에 맞춰 역사 정보를 제공하고, 관련 질문에 답해 주며, 자신만의 탐험 경로를 설계해 주는 맞춤형 가이드 역할이 가능하다.

그 사례로 국립경주박물관의 스마트 전시관 서비스를 꼽을 수 있다. 관람객이 관심사와 체류 시간 등을 입력하면 AI가 특정 시대나 유물에 특화된 효율적이고 흥미로운 관람 코스를 짜 준다. 박물관 곳곳의 키오스크에서 QR 코드를 찍으면 모바일 챗봇이 관람 정보를 이어받아 해설을 진행한다. 또한 청각 장애인을 위한 3D 수어 아바타 안내 서비스, 시각 장애인을 위한 점자 패드 및 음성 안내, 저시력자를 위한 고대비 화면 등 장애인의 접근성을 높이는 맞춤형 안내가 제공된다. 비장애인과 장애인 모두 동일한 수준의 편의와 정보 접근성을 제공해 이용 장벽이 없는 관람 환경을 조성한 것이다. 또한 영어, 중국어, 일본어 등 다양한 언어로 안내 서비스를 제공해서 외국인 관람객도 편리하게 이용할 수 있다.

스미소니언 미국 미술관(Smithsonian American Art Museum)과 루브르 박물관(Musée du Louvre)도 AI 기반의 가이드 서비스를 제공하고 있다. 방문자의 선호도와 관심사를 파악하여 개인화된 투어 코스를 만들어 주며, 자연어 처리 기술을 통해 방문자의 질문을 이해하고 적절한 답변을 제공한다. 스미소니언은 청각 장애인을 위한 수화 콘텐츠와 시각 장애인을 위한 음성 설명을 자동으로 실행한다. 루브르는 대화형 인터페이스를 통해 작품에 대한 역사적 맥락, 예술가의 배경, 제작 기법 등 심층적인 정보를 제공한다. 이러한 서비스를 통해 방문객은 보다 풍부하고 개인화된 박물관 체험을 누릴 수 있다.

모두를 역사가로 만드는 AI

역사는 전문가만 기록과 해석의 자격을 가지는 분야가 아니다. 평범한 사람들이 가진 지역의 기억도 공공 역사(public history)의 관점에서는 콘텐츠가 될 수 있다. AI는 사용자의 참여를 유도해 모두가 콘텐츠 생산자이자 소비자가 되는 기회를 제공한다.

세계 최대의 가족 역사 탐구 플랫폼인 '앤세스트리(Ancestry)'는 누구나 자신의 가족사와 관련된 지역 역사 기록을 쉽게 찾도록 돕는다. 사용자가 이름과 출생지 등 간단한 정보를 입력하면 AI가 인구 조사, 이민 기록, 군 복무 기록 등 수십억 건의 기록물을 분석해서 관련된 역사적 인물이나 사건을 찾아 연결해 준다. 데이터 마이닝과 AI 매칭 알고리즘 기술을 통해 세계 수천만 명의 사용자들이 자신의 가계도를 수십 대까지 거슬러 올라감으로써 개인의 역사가 곧 지역 사회의 역사임을 깨닫고 있다.

역사 속 인물과 직접 대화하게 해 주는 AI 플랫폼도 있다. '휴미(Humy)' 서비스는 조지 워싱턴, 프레더릭 더글러스 등 다양한 인물을 AI로 구현해 학생들이 직접 질문하고 대화할 수 있는 환경을 제공한다. 대형 언어 모델과 대화형 AI를 이용하기 때문에 역사적 인물의 특성, 언어

스타일, 시대적 맥락을 학습하여 실제와 같은 대화를 생성해 준다. 각 학생의 수준과 관심사에 맞춘 학습이 가능해서 평소 역사에 관심이 없던 학생들도 적극적으로 수업에 참여하게 된다.

참고문헌

국립경주박물관(2024.4.1). "모두에게 편리한 디지털 전시안내 서비스 본격화".

서울기록원(2021). "2021 서울아카이빙북: 서울은 시간을 기억합니다".

Ancestry: Discover, preserve, and share the stories of your family. https://www.ancestry.com

Assmann, J.(1995). Collective Memory and Cultural Identity. *New German Critique, 65.*

Halbwachs, M.(1997). *La Memoire Collective.* Albin Michel.

Harth, D.(2008). The Invention of Cultural Memory. In Erll, A. et al.(eds.). *Cultural Memory Studies: An International and Interdisciplinary Handbook.* Walter de Gruyter.

Humy: Create a dialogue with history, art & heritage. https://www.humy.ai

Museum Next(2024.6.12). Artificial Intelligence Museum Audio Guide: AI Revolution at the Smithsonian American Art Museum.

Reilly, P.(1991). Towards a virtual archaeology. In Rahtz, S. & Lockyear, K.(eds.), *Computer Applications and Quantitative Methods in Archaeology.* Oxford.

Scroll Prize(n.d.). Vesuvius Challenge: Resurrect an ancient library from the ashes of a volcano. https://scrollprize.org/
Talmi, J.(2024). The Living Museum.
The Center for Digital Humanities @ Princeton(2020.5.15). Newspaper Navigator: Reimagining Digitized Newspapers with Machine Learning.
The Hindu(2025.10.6). Operation Sindoor demonstrated Indian Army's AI-driven capabilities, says Lt. General Rajiv Sahni.
Transkribus: Unlock the past with Transkribus. https://www.transkribus.org/

05
투어리즘 콘텐츠를 위한 활용

현지 경험을 중시하는 '로컬 투어리즘'이 부상하면서 AI가 핵심 안내자로 주목받고 있다. AI는 여행자의 취향을 분석해 세상에 단 하나뿐인 여행 코스를 제안하고, 가상현실과 증강현실로 생생한 몰입형 체험을 선사하며, 24시간 챗봇으로 스마트 가이드 역할을 수행한다. 이를 통해 여행자와 지역을 긴밀하게 연결해서 풍성하고 지속 가능한 여행 문화를 만들어 가고 있다.

AI 콘텐츠 크리에이터?

모두가 연결된 스마트 관광 생태계

여행의 패러다임이 변하고 있다. 유명 관광지를 스치듯 둘러보는 단체 관광을 넘어, 현지인처럼 살아 보고 그 지역만의 고유한 이야기를 체험하려는 '로컬 투어리즘(local tourism)'이 새로운 표준으로 자리 잡고 있다. 그러나 여행자들은 넘쳐나는 정보 속에서 자신에게 꼭 맞는 장소를 찾기 어려워하며, 지역은 자신들의 숨겨진 매력을 효과적으로 알릴 방법을 찾지 못해 어려움을 겪는다.

이러한 간극을 메우는 혁신적 안내자로 AI가 주목받고 있다. 여행자의 취향을 정확히 파악하여 세상에 단 하나뿐인 여행 코스를 제안하고, 사라진 유적을 눈앞에 생생하게 복원하며, 낯선 골목길에서 길을 잃지 않도록 돕는 든든한 동반자가 되는 것이다. 울리케 그레첼(Ulrike Gretzel)은 스마트 기술(smart technology), 스마트 플랫폼(smart platform), 스마트 경험(smart experience)으로 이루어진 '스마트 관광 생태계(smart tourism ecosystems)'를 강조했다. 최신 정보통신기술(ICT)을 활용해 관광객, 관광 기업, 정부, 지역 사회가 서로 긴밀하게 연결되고 상호작용하는 체계를 만드는 것이 무엇보다 중요하다는 주장이다.

나만을 위해 설계된 몰입형 맞춤 여행

로컬 여행은 떠나기 전에 치밀한 계획을 짤 때부터 시작된다. 여행자의 막연한 기대를 구체적인 동선으로 바꾸고, 수많은 선택지 속에서 개인의 취향에 가장 부합하는 최적의 경로를 제시하는 지능형 여행 설계자의 역할을 AI에게 부여하면 된다.

경기도와 경기관광공사는 지역의 오래된 가게인 '노포(老鋪)'를 단순한 맛집이 아닌 스토리텔링 관광 자원으로 활용하기 위해 생성형 AI인 'GPT-4'를 도입했다. 수많은 가게가 이미 있었지만, 획일적인 정보 제공 방식으로는 개별 관광객의 다양한 니즈를 충족시키기 어려웠기 때문이다. 사용자가 "나는 30대 여성인데 레트로한 분위기에서 사진 찍는 걸 좋아해" 하고 자신의 취향을 일상 언어로 입력하면, AI는 대형 언어 모델(LLM)과 자연어 처리(NLP), 추천 시스템을 통해 관련 노포와 그에 얽힌 사연까지 엮어서 개인화된 투어 코스를 제안한다.

사우디아라비아 제2의 도시 제다(Jeddah)는 현재 진행 중인 행사 정보와 가볼 만한 장소를 추천해 주는 AI 챗봇을 개발했다. 설문 조사를 했더니 148명의 시민 중 90퍼센트 이상이 관광 및 접객 서비스에 AI를 도입하는 것에 찬성했기 때문이다. 이 챗봇은 대화의 맥락을 기억하고 다음 행동을 예측하기 위해 장단기 기억(LSTM) 신경망을 이용한 머신러닝 기능을 탑재해서 사용자와 자연어로 대화를 나눌 수 있다. 날씨 정보 제공과 특정 장소 안내뿐만 아니라 도시에 관한 이야기를 들려줄 수도 있다.

물론 여행의 진정한 가치는 현장에서의 특별한 경험에 있다. 가상현실(VR)이나 증강현실(AR) 기술과 결합한 AI는 역사와 이야기를 시각적으로 구현함으로써 여행자가 시공간을 넘나드는 듯한 깊은 몰입감을 선사한다. 공주시는 공산성, 송산리 고분군 등 백제의 왕도 유적지를 1500년 전의 웅장한 모습으로 디지털 복원했다. AI 기반 3D 모델링과 3D 재구성(NeRF) 기술 및 가상현실(VR) 기술을 이용해서 만들었기에, 방문객이 VR 기기를 착용하면 백제 왕궁을 거닐며 당시의 생활상을 생생하게 체험할 수 있다. 눈에 보이지 않는 유적지의 역사적 가치를 직관적으로 이해함과 동시에 추상적인 지식을 구체적인 체험으로 전환시키는 것이다.

24시간 깨어 있는 스마트 가이드

낯선 여행지에 도착했을 때 가장 필요한 것은 믿을 만한 현지 정보다. 24시간 언제든지 질문에 답하는 AI는 언어의 장벽을 허물고 나에게 꼭 필요한 정보를 찾아주는 스마트 가이드 역할에 적합하다. 특히 지역의 관광 부서나 숙박 시설은 AI를 도입함으로써 인력과 비용을 절감할 수 있다.

미국의 관광 챗봇 서비스 중에서는 시카고를 대표 사례로 꼽을 만하다. 시카고는 코로나19 기간 동안 관광객이 급감하는 사태를 겪은 후, 더 많은 방문을 유도하기 위해 '더 빈(The Bean)'이라는 AI 챗봇을 개발했다. 시카고의 상징적 조형물의 별명에서 따온 이름이어서 친근함을 유발한다. 더 빈은 도시의 홍보 대사가 되어 60개 이상의 주제에 대한 광범위한 정보를 다국어로 제공한다. 머신러닝 기능을 탑재해서 경험을 통해 학습함으로써 추천 정확도를 높인다.

스페인 세비야시는 관광객의 과밀 현상과 로컬 상권의 불균형 문제를 해결하기 위해 AI 플랫폼을 개발했다. 이 시스템은 NLP 감성 분석, 지리적 가시화, 수요 예측 대시보드(SaaS) 기능을 이용해 인터넷 리뷰, 소셜 미디어, 모바일 데이터 등을 분석한다. 구역별로 감성 점수와 수요를 집계하고 동네마다 잠재력을 발굴해 홍보하기도 한다. 단지 관광객의 숫자를 늘리는 것이 아니라 인기가 많은 구역의 과밀을 완화하고 상권의 분산을 유도해서 주민들의 불편을 완화하는 동시에 체류지를 다양화하는 것이다.

국내에서도 서울, 부산, 제주 등지에서 24시간 AI 챗봇을 서비스 중이다. 서울은 '비짓서울', 부산은 '비짓부산', 제주는 '비짓제주' 서비스의 콘텐츠를 이용해 관광 안내 챗봇을 만들었다. 전북특별자치도는 '전북 관광 메타버스' 서비스를 개발했으나 가상공간이나 체험 요소의 품질에 대한 비판이 많아서 결국 사업을 종료했다. 새로운 형태의 서비스라도 완성도를 높이지 않으면 외면받을 수밖에 없다는 교훈을 준다.

로컬 숙박 자원의 효율적 활용

숙박업소가 AI 챗봇을 도입하는 경우도 있다. 미국 루이빌의 소규모 숙박업소인 '브라운 호텔(The Brown Hotel)'은 대형 체인 호텔과의 경쟁으로 인해 차별화된 고객 서비스가 필요했다. 그러나 직원들은 반복적인 문의에 답변하느라 이용객들의 체험 창출에 집중하기 어려웠다. 이에 AI 챗봇을 도입해서 호텔의 브랜드 톤을 유지한 목소리로 안내를 하며, 복잡한 문의는 인간 직원에게 위임하는 하이브리드 방식이다.

프랑스 니스에서 여러 개의 호텔을 운영하는 기업 '아

미 호텔스(AMMI Hotels)'는 국제 관광객들이 성수기에 외국어로 문의하는 경우를 자주 겪었다. 직원들이 모든 언어로 신속하게 대응하기 어렵고 번역 서비스는 비용이 부담스러웠다. 이에 다국어 AI 챗봇을 웹사이트와 소셜 미디어에 통합해서 50개 이상 언어로 24시간 고객 지원을 제공하기로 했다. 자연어 이해(NLU) 기능 덕분에 고객들의 문의를 정확하게 해석하며, 예약 엔진과 통합되어 있기에 투숙객은 아무런 불편함 없이 직접 예약을 할 수 있다.

에어비앤비는 AI가 현지인이 직접 진행하는 체험 상품을 추천해 준다. 협업 필터링과 콘텐츠 기반 필터링 기법으로 사용자의 과거 여행 스타일과 위시리스트를 분석하고 '로컬 전문가와 함께하는 한식 쿠킹 클래스', '홍대 인디밴드와 함께하는 음악 감상회' 등 흥미를 느낄 만한 체험을 연결해 준다. 덕분에 사용자는 획일화된 관광 상품에서 벗어나 현지인의 문화를 함께 경험하는 기회를 만날 수 있다. 지역 주민들은 새로운 소득원을 창출하고 여행자들은 로컬 콘텐츠의 가치를 재발견하는 윈-윈(win-win) 전략의 사례다.

이처럼 AI는 로컬 투어리즘의 모든 단계에서 혁신을 일으키고 있다. 개인화된 추천으로 여행의 출발을 돕고,

AR와 VR로 과거와 현재를 잇는 몰입형 체험을 선사하며, 24시간 챗봇으로 정보 접근성을 높이고, 데이터 분석으로 운영을 최적화하며, 콘텐츠 생성 도구로 추억을 공유 가능한 자산으로 만든다. 이러한 기술은 단순히 효율성만을 추구하는 것이 아니라 여행자와 지역을 더욱 깊고 따뜻하게 연결하는 새로운 가능성을 열고 있다. 인본지리학자 이푸 투안(Yi-Fu Tuan)이 강조한 '장소 애착(topophilia)' 개념처럼 지역이 가진 고유의 장소성을 여행자와 연결시킬 때 비로소 잊을 수 없는 여행이 완성되는 것이다. 결국 로컬 투어리즘의 미래는 AI와 인간의 감성이 조화롭게 만나는 곳에서 더욱 풍성하게 펼쳐질 것이다.

참고문헌

공주학아카이브. "VR로 보는 공주의 기억". https://kjha.kongju.ac.kr/exhibits

산업일보(2024.2.26). "AI로 경기 노포 관광콘텐츠 혁신…지역 문화·경제 가치 창출".

서울관광재단(2025.2.24). "비짓서울(Visit Seoul), 생성형 AI 활용 서울관광 특화 '여행 플래너' 서비스 시범 오픈".

이-푸 투안(2011). 《토포필리아: 환경 지각, 태도, 가치의 연구》. 이옥진 옮김. 에코리브르.

Awesomey(2024.8.21). 주니어 PM의 알고리즘 개발기_part 1.

Visit Busan(2025). "AI 여행 추천 서비스".
https://www.visitbusan.net/kr/index.do?menuCd=DOM_000000202002001000&uc_seq=2232&lang_cd=ko

Visit Jeju. "AI야, 제주여행 일정을 부탁해".
https://www.visitjeju.net/u/Hui

AI Multiple(2025.9.5). Hospitality Chatbots: Top Use Cases and Case Studies.

Alotaibi, R. et al.(2020). AI Chatbot for Tourist Recommendations: A Case Study in the City of Jeddah, Saudi Arabia. *International Journal of Interactive Mobile Technologies, 14*(19).

Angry Nerds(2023.5.26). The Future of Internet of Things in Smart Cities - Barcelona Case Study.

Complete Hospitality Management(2025). 10 Strategies for Airbnb Improvement Plan with AI in 2025 - 5 Ways & ChatGPT Prompts to Optimize Listing.

DATA APPEAL(n.d.). Diversifying tourist flows with D / AI Destinations: Seville's data-driven strategy.

Digital Tourism Think Tank(2024). How AI Chatbots Boost Guest Engagement.

Forbes(2021.9.30). Choose Chicago Introduces AI Tool Named After Beloved City Attraction.

Gretzel, U. et al.(2015). Conceptual foundations for understanding smart tourism ecosystems. *Computers in Human Behavior, 50*.

06
이벤트 콘텐츠를 위한 활용

지역의 축제, 행사, 공연, 박람회 등 '로컬 이벤트(local event)'는 인력과 예산 부족을 겪는 경우가 많다. 효율을 높이는 새로운 해결책으로 주목받는 것이 AI 기술이다. 챗봇으로 방문객들의 문의를 처리하고, 카메라와 드론으로 혼잡도를 분석해 안전한 동선을 제시하고, 안면인식으로 체크인 시간을 단축시킨다. 이처럼 AI는 전체 과정에 개입해서 지역의 이벤트 운영을 재정의하고 있다.

AI와 민주주의?

체험 콘텐츠로 지역에 활력을

지역의 활력은 크고 작은 이벤트에서 시작된다. 축제와 행사는 문화적 정체성을 표출하고 경제적 활력을 불어넣는 역할을 한다. '로컬 이벤트(local event)'의 체험은 주민들의 결속을 다지고 지역의 정체성을 드러내는 소중한 기회인 것이다. 조지프 파인(B. Joseph Pine II)도 '체험 경제(Experience Economy)' 개념을 통해 강조한 바 있다. 그러나 대다수의 로컬 이벤트는 부족한 인력, 한정된 예산, 홍보의 어려움이라는 한계를 지녔다. 방문객들은 획일화된 정보로 인해 수동적인 관람에 그치기 일쑤다.

에버렛 로저스(Everett Rogers)가 지적한 것처럼 새로운 기술은 사회적 수용 과정을 거치며 점진적으로 확산된다. 새로운 해법을 제시하는 AI 서비스의 도입은 피할 수 없는 미래다. 국내 지자체, 지역 문화 재단, 중소 규모의 이벤트 주최 기관들까지 AI 기술을 도입해서 관객 참여도를 높이고 운영 효율성을 극대화하는 추세다. AI는 단순히 기술적 효율성을 높이는 것을 넘어서 이벤트의 기획, 실행, 사후 관리까지 전체 과정에 깊숙이 개입한다. 방문객에게는 잊지 못할 경험을 선사하고, 주최자에게는 지속 가능한 성공 모델을 제시하기도 한다.

지역 축제에 도입된 AI 챗봇

미국 세인트루이스의 지역 축제인 '페스티벌 오브 네이션즈(Festival of Nations)'는 대량의 방문객 문의를 처리하는 데 어려움을 겪고 있었다. 행사장 지도, 일정, 주차 정보 등 반복되는 질문들이 주최 측의 업무 부담을 가중시켰다. 이에 '커패시티(Capacity)'라는 AI 챗봇 솔루션을 도입해서 즉각적으로 답변을 제공하는 시스템을 구축했다. 자연어 처리 기술을 활용한 덕분에 방문객들이 평소 말하듯이 질문하면 실시간으로 정확한 정보를 제공한다. 특히 확장이 가능한 시스템이라서 방문객이 많은 시간대에는 다량의 문의가 들어와도 동시에 처리할 수 있다. 덕분에 주최 측은 반복적인 응답 업무에서 벗어나 행사 운영에 집중하게 되었다. 중소 규모의 지역 행사에서 AI 기술이 어떻게 운영 효율성을 높여 주는지를 보여 준 사례다.

미국의 대표적인 음악 축제인 '코첼라(Coachella)'는 축제 공식 앱에 AI 기반 챗봇을 도입해서 방문객들에게 실시간으로 맞춤형 정보를 제공한다. 구글 어시스턴트(Google Assistant) 앱으로 구현된 챗봇을 통해 "특정 아티스트의 공연은 언제 어디서 하나요?", "채식 메뉴는 어디서 먹을 수 있나요?" 등 자연어로 된 질문에 자유롭게 답할 수 있다. 챗봇은 방대한 축제 데이터를 기반으로 즉각적이고 정확한 답변을 제공한다. 또한 관심 있는 공연을 자신의 스케줄에 추가하는 식으로 개인화된 축제 체험을 설계할 수 있다. 수많은 공연과 이벤트 속에서 효율적으로 동선을 짜고 원하는 공연을 놓치지 않게 도와주는 것이다. 코첼라의 사례는 대규모의 인원이 참여하는 페스티벌에서 대단위의 정보 요청을 성공적으로 처리한 사례로 평가된다.

행사장의 질서 유지를 돕는 AI 기술

문화체육관광부와 한국관광공사는 2024년 10월 개최된 '광주 추억의 충장 축제'에서 '축집사'라는 서비스를 시범 운영했다. 이 서비스는 스마트 지도, AI 카메라, 드론 등 다양한 기술을 활용해서 주차난, 도로 혼잡, 결제 시스템 미비 등 국내 축제의 고질적 문제들을 해결하는 것을 목표로 했다. 여러 기능 중에서 스마트 지도는 축제 부스의 위치, 진행 중인 프로그램, 편의 시설의 안내 등 매일 시간대 별로 달라지는 정보를 실시간 제공했다. 또한 AI 카메라는 축제 구역 내 혼잡도를 분석해서 사람이 덜 붐비는 경로를 안내했다. 동시에 드론이 주차 가능 공간을 실시간으로 파악해서 효율적으로 주차가 이루어지도록 도

왔다.

미국의 일렉트로닉 음악 페스티벌인 '투모로우랜드(Tomorrowland)'는 안전하고 쾌적한 축제 환경을 조성하기 위해 공간 AI 기술 기업 '아웃사이트(Outsight)', 통신사 '텔레넷(Telenet)'과 협력하여 군중 모니터링 시스템을 도입했다. 주변을 감지하는 라이다(LiDAR) 기술과 공간 상황을 분석하는 소프트웨어를 활용한 이 시스템은 축제장 곳곳에 설치된 센서를 통해 실시간으로 군중의 움직임과 밀집도를 분석한다. AI는 병목 지점의 과밀 상황을 예측하거나 즉시 감지한다. 이를 통해 운영진은 인력을 재배치하거나 동선을 유도하는 등의 조치를 취해 대형 참사를 예방한다. 시스템 스스로 챗봇을 통해 방문객들에게 특정 구역의 혼잡 정보를 직접 안내하거나 대안 경로를 제시할 수도 있다.

볼거리를 제공하는 AI 기술

2021년 개최된 '도쿄 올림픽'의 개막식에서는 1824대의 드론으로 공식 엠블럼 모양과 지구의 형태를 구현한 '스카이 캔버스(Sky Canvas)' 퍼포먼스가 주목을 받았다. 전통 폭죽 대비 정밀한 형상과 메시지 전달이 가능하며 도심 환경 적합성을 입증했다. 드론 군집 경로 계산, 충

돌 회피 알고리즘, 실시간 운동학(RTK) 및 위성 항법 시스템(GNSS)을 통한 정밀 위치 결정, 분산 제어시스템(DCS)이 핵심 기술로 활용됐다. 또한 실제 폭죽 대신에 디지털 불꽃을 사용해서 저소음, 친환경, 안전성을 확보했다는 점이 주목을 받았다.

세계적인 현대 미술가 차이궈창(Cai Guo-Qiang)이 2024년 9월에 펼친 '위 아(WE ARE)' 쇼도 눈여겨볼 만하다. 게티(Getty) 재단이 주최하는 대규모 예술 행사인 '피에스티 아트(PST ART)'의 개막을 화려하게 장식한 이 쇼는 AI, 드론, 주간 불꽃놀이(daytime fireworks)라는 3가지 기술을 결합시켜 예술과 과학의 만남을 공공 미술 프로젝트로 구현했다. 그가 직접 개발한 인공지능 '씨에이아이(cAI)'를 이용해 쇼를 구상하고 연출했다는 점이 독특하다. 1000대 이상의 드론과 1만여 개의 소형 불꽃을 결합시킨 대규모 드론 퍼포먼스를 벌이면서 전통적인 화약이 아닌 유기농의 지속 가능한 안료와 염료를 사용해 시각적 장관을 연출했다는 점도 눈여겨볼 만하다.

행사장 출입의 안전을 담보한다

벨기에 브뤼셀에서 개최된 '벨기에 지붕 산업의 날(Belgian Roof Day)' 박람회는 안면인식 기술을 이용한 체크인 시스템을 운영했다. 참가자들이 현장 등록 구역에 접근하면, 사전 등록 때 업로드한 사진을 활용하여 자동으로 신원을 확인하고 배지를 인쇄하는 방식이다. 참가자들이 걸어가는 사이에 신원 확인이 완료되기 때문에 배지를 실시간으로 출력해 제공할 수 있었다.

AI 서비스 '지너스(Zenus)'가 개발한 이 시스템은 1000명의 얼굴 데이터베이스에서 특정 인물의 모습을 99.4%의 정확도로 찾아냈다. 덕분에 행사 체크인 소요 시간은 획기적으로 줄어들어 20초 이하로 단축되었다. 이 기술은 국제전시산업협회(IAEE)의 2023년 행사 '엑스포 엑스포(Expo! Expo!)'에도 도입되어 관람객들의 얼굴 표정까지 읽어내는 수준으로 진화했다.

미국에서는 박람회 행사장의 보안을 위해 사이버링크(CyberLink)의 기술을 도입했다. 165개의 카메라와 245개의 비디오 스트림으로 구성된 이 시스템은 행사장 입구, 내부, 외부, 주차장 등 시설 전체를 감시했다. 블랙리스트에 등록된 인물의 입장을 방지하고 미아 찾기와 같은 긴급 상황에서 특정 인물을 빠르게 찾아내는 것이 목적이었다. 이를 통해 지역 행사장의 방문객 안전이 크게 향상되었다.

축제와 행사를 창의적이면서 안전하게

지금까지의 사례들은 로컬 이벤트의 기획, 마케팅, 운영, 연출에 이르기까지 모든 영역에서 AI가 유의미한 성과를 창출할 수 있음을 보여 준다. 단순한 기술적 도구를 넘어 이벤트의 본질적 가치를 강화하는 전략적 파트너인 셈이다. AI는 더 이상 거대 기술의 전유물이 아니라 지역의 작은 축제도 더욱 특별하게 만드는 창의적이고 따뜻한 존재가 되었다. 그러므로 중요한 것은 AI 기술 자체가 아니라 그것을 어떻게 활용하여 사람들에게 더 나은 경험을 제공하느냐는 것이다.

성공 사례들의 공통된 요인은 '문제 해결을 위한 명확한 목적 설정'과 '데이터에 기반한 의사 결정'이다. AI는 지역의 고유한 콘텐츠와 현장의 문제점을 해결하는 전략적 도구로 활용될 때 가치를 발휘한다. 관객 참여와 소통, 운영 효율성과 안전, 마케팅 혁신, 콘텐츠 창작, 데이터 기반 의사 결정 등 모든 영역에서 AI는 로컬 이벤트의 가능성을 확장하고 있다.

앞으로 AI 기술이 더욱 발전하고 접근성이 높아지면, 더 많은 지역 축제와 행사들이 각자의 고유한 특색을 살리면서도 혁신적인 사용자 경험(UX)을 제공할 수 있을 것이다. 작은 마을의 음악 축제부터 도시의 박람회까지,

AI는 이벤트 산업의 미래를 재정의하며 지역 문화와 경제의 지속 가능한 발전에 기여하고 있다.

참고문헌

연합뉴스(2021.7.23). "평창서 모티브? … 도쿄 밤하늘에 뜬 '드론 지구본'".

제임스 길모어·조지프 파인 2세(2021). 《경험 경제: 경험을 비즈니스로 만드는 법》. MX디자인랩 옮김. 유엑스리뷰.

한국관광공사(2024.10.2). "축제가 똑똑해진다, 혼잡도·주차난 모두 AI 기술로 해결".

Capacity(2023.2.10). Event Chatbots: Everything You Need to Know in 2023.

Contemporary Art Review(2025.2.25). PST ART: Art & War Collide in Cai Guo-Qiang's WE ARE.

Eventbrite(2018.2.7). How Your Face Will Become Your Ticket to Event Success.

FaceMe(n.d.). Fairgrounds and Expo Center integrated FaceMe Security and People Tracker into their new Hanwha Vision Wisenet Wave video surveillance system.

Rogers, E. M.(1961). *Diffusion of Innovations*. Free Press.

Outsight(2024.7.21). Outsight wins the EntertainmentLAB's Crowd Monitoring Challenge.

Trade Show News Network(2024.10.17). Zenus AI to Expand Anonymous Facial Analysis Technology at IAEE's Expo! Expo! in December.

Voicebot.ai(2018.4.9). Coachella Has a Google Assistant App.

07
홍보와 마케팅을 위한 활용

AI 기술 덕분에 지역 소상공인들의 홍보 · 마케팅 경쟁력이 향상되고 있다. 자본과 인력이 부족한 로컬 상점과 행사는 잠재 고객을 정확히 찾아내고, 맞춤형 광고 콘텐츠를 생성하며, 24시간 고객과 소통하는 전문 인력이 필요한데 AI가 이를 대신할 수 있다. 적은 비용으로도 효율적인 마케팅을 실행한다면 작은 가게도 공룡 상권과 경쟁해 볼 만하다.

AI와 애니메이션?

로컬 상점들의 대반격

대기업의 화려한 광고와 막대한 마케팅 예산 앞에서 지역의 작은 상점과 식당들은 불리한 싸움을 해 왔다. 한정된 자본과 인력으로는 효과적인 홍보를 펼치기 어려웠고, 잠재 고객을 찾아내는 일은 마치 어둠 속에서 바늘을 찾는 것과 같았다. 전통적인 홍보 방식은 비효율적인 데다가 효과도 불분명했기 때문이다. 결국 '우리 동네 가게', '지역 축제', '마을 공방'과 같은 소중한 로컬 콘텐츠들이 잠재 고객을 만나지 못하고 사라지는 일이 속출했다.

AI의 등장으로 불평등한 경쟁 구도가 바뀌고 있다. 이제는 동네 빵집도, 지역 축제도, 작은 카페도 AI의 힘을 빌려 정확한 타깃에게 다가가고, 매력적인 콘텐츠를 만들며, 고객과 깊은 관계를 맺어간다. 또한 작은 가게의 홍보 전단지를 적절한 사람의 손에 쥐어주고, 지역 축제의 소식에 관심 있는 사람에게 행사 정보를 알려주는 똑똑하고 민주적인 도구가 되었다. 마케팅의 목표는 단순한 거래가 아니라 장기적 신뢰 관계를 형성하는 것이라는 로버트 모건(Robert Morgan)의 통찰과 일치한다. 이처럼 AI는 데이터라는 재료를 이용해서 로컬 콘텐츠와 잠재 고객 사이에 다리를 놓는 역할을 한다.

우리 동네의 잠재 고객을 찾아내다

마케팅의 첫걸음은 고객 세분화(segmentation) 즉 '누구에게 말할 것인가'를 명확히 하는 데 있다. AI는 방대한 데이터 속에서 우리 지역, 우리 가게, 우리 콘텐츠에 관심을 보일만한 잠재 고객들을 정확히 찾아내는 지능형 탐색기 역할을 한다.

KT의 상권 분석 플랫폼 '잘나가게'는 빅데이터와 AI 기술을 결합해서 특정 상권의 정보들을 쉽게 파악하도록 지원하는 서비스다. 소상공인이 자신의 가게 주소를 입력하면 AI가 해당 상권의 유동 인구, 주변 상주인구의 성별, 연령대, 관심사, 소비 패턴 등을 분석해서 상세한 결과를 제공한다. "평일 점심시간에 20대 직장인 여성이 다수 방문하며, 이들이 카페와 분식에 관심이 많다"는 식의 구체적인 세그먼트 분석 결과를 받아볼 수 있다. 소상공인들은 데이터 기반으로 핵심 고객층을 명확하게 정의하고 신제품 개발, 맞춤형 마케팅, 타깃 광고 등을 진행하기가 수월해진다. '잘나가게'는 서울시와 협업하며 대학생과 소상공인 연계를 통한 빅데이터 활용 컨설팅 프로젝트도 진행했다.

국내 최대의 핸드메이드 마켓 플랫폼 '아이디어스(Idus)'는 AI 기반 대화형 선물 추천 서비스인 '디어

(Dear)'를 출시했다. AI는 고객의 과거 구매 이력, 검색 기록, '좋아요'를 누른 상품, 장바구니에 담은 상품 등 다양한 행동 데이터를 분석한다. 이를 통해 고객 세그먼트를 자동으로 생성하고 해당 그룹이 좋아할 만한 작가나 작품을 추천한다. 고객의 취향에 맞는 상품을 추천하는 식으로 잠재 고객의 구매 전환율을 높이는 것이다. 덕분에 고객은 자신의 취향에 맞는 상품을 쉽게 발견할 수 있었고, 판매자는 잠재 고객에게 효과적으로 상품을 노출하게 되었다. 대형 언어 모델(LLM)을 기반으로 하기 때문에 대화창에 평소 말투로 질문을 입력해도 맞춤형 결과를 얻을 수 있다. 2023년 전체 주문의 4분의1 이상이 가족, 친구, 연인을 위한 선물이었다. AI 추천 시스템이 수공예품 선물 시장의 확대에 기여하는 셈이다.

마음을 움직이는 메시지를 노출시켜라

잠재 고객을 찾았다면, 이제 그들의 마음에 와 닿을 메시지를 전달해야 한다. 생성형 AI는 지역의 특성과 타깃 고객의 취향을 반영한 광고 문구, 이미지, 영상 등 맞춤형 마케팅 콘텐츠를 신속하게 제작하는 만능 크리에이터 역할을 수행한다.

서울 강남의 유명 독립 서점인 '최인아 책방'은 매주

발행하는 이메일 뉴스레터 제작에 AI를 적용했다. 특히 커피 브랜드 '네스프레소(Nespresso)'와의 협업으로 여러 해 동안 매월 엄선한 도서를 소개해 왔다. 기존의 뉴스레터 제작 작업은 몇 가지 문제점이 있었다. 외부 작가와 협업할 경우에는 최종 결과물 수급까지 최소 1주일이 소요되었고, 한 번 사용할 몇 컷의 일러스트 작업에 수백만 원의 비용이 발생했다. 매달 변경되는 책 소개와 달리 비주얼은 동일한 톤으로 반복 사용되었다. 이에 생성형 AI를 이용해서 책 내용의 일부를 직접 시각화하는 작업을 진행했다. 또한 배경 일러스트 생성, 오브제 추가 및 수정, 이미지 편집 등 콘텐츠 제작 전체 과정에서 여러 AI 툴을 활용해서 퀄리티를 높이는 동시에 시간과 비용을 대폭 절감했다.

AI 도입의 효과는 가시적으로 나타났다. 기존 약 170시간에 달하던 일러스트 제작 시간이 2시간으로 줄어들었다. 비주얼 변화에 따라 독자들의 평균 도달률은 기존 대비 34퍼센트 높아졌고, 평균 참여율은 66퍼센트 증가했다. 매월 책의 내용에 맞는 다양한 콘텐츠를 제공하자 독자들이 적극적으로 반응하기 시작했다. 독자들이 콘텐츠에 머물면서 댓글을 달고 SNS를 통해 공유함으로써 자동적으로 홍보가 되었다.

아무리 좋은 콘텐츠도 잠재 고객이 볼 수 있는 곳에 놓여있지 않다면 무용지물이다. AI는 가장 적은 비용으로 가장 높은 효과를 낼 수 있는 광고 채널과 시간을 정확히 찾아내며, 개인에게 최적화된 메시지를 전달하는 스마트한 교통경찰 역할을 해 낸다.

예를 들어, 지역 커뮤니티 애플리케이션 '당근'은 AI를 활용하여 맞춤형 지역 콘텐츠를 추천해 준다. 사용자의 위치, 앱에서 입력한 단어, 관심 키워드 설정 등을 분석해서 등 개인에게 가장 유용하고 흥미로운 지역 소식을 피드 상단에 노출시킨다. 수많은 지역 정보 속에서 사용자가 길을 잃지 않으면서 자신에게 가치 있는 로컬 콘텐츠를 쉽게 발견하고 이웃과 교류하도록 돕기 위함이다. '우리 동네 주말 벼룩시장 정보', '새로 생긴 카페 후기' 등으로 편하게 입력해도 된다. 추천 시스템 알고리즘과 콘텐츠 기반 필터링 기술을 사용한 정교한 큐레이션 덕분에 사용자의 앱 평균 체류 시간도 늘어났다.

언제든 고객과 대화하는 소통 창구

고객과의 꾸준한 소통은 로컬 콘텐츠가 단골을 만들고 커뮤니티로 성장하는 핵심 동력이다. AI 챗봇과 자동화 도구는 24시간 지치지 않고 고객의 질문에 답하고 개인에게 맞춤화된 정보를 제공함으로써 진정성 있는 관계를 형성한다.

부동산 중개 애플리케이션 '직방(Zigbang)'은 24시간 가동되는 AI 챗봇을 통해 고객의 초기 문의에 신속히 대응한다. 예를 들어 "강남역 근처 투룸 전세 찾아 줘" 같은 대화형 입력만으로도 조건에 맞는 매물 리스트를 신속하게 제공한다. 이 과정에서 희망 지역, 예산, 주거 형태 등 고객의 핵심 정보를 자연스럽게 수집해서 매물 추천에 활용할 수 있다. 물론 AI만으로 거래가 이루어지는 것은 아니다. 제휴 중개사들이 고객 예산, 희망 평수, 입지 조건 등을 기반으로 매물 제안을 하기도 한다. 또한 계약서 작성부터 특약 사항 상담까지 전체 과정을 지원하는 상담 서비스도 제공한다. 직방은 관심 지역의 최신 시세와 매물 정보를 실시간으로 전달하는 동시에 앱 내 채팅으로 즉시 상담사를 연결해 주는 디지털 영업 방식을 실시하는 중이다.

경기도에서 매년 열리는 '이천 도자기 축제'는 행사 기간 중 관람객 문의가 급증하는 상황에 대응하기 위해 클라우드형 챗봇 서비스인 '다이노 챗봇(Dyno Chatbot)'을 도입했다. 축제가 열리면 행사 일정, 셔틀버스 운행, 입장료, 주차 안내, 부대 행사 일정 등 다양한 문의가 폭주한다. 인력을 더 많이 배치한다고 해도 시간 제약과 공간적 한계가 있어서 비대면 대응 수단이 필요했다. 다이노 챗봇은 클라우드 기반의 서비스형 소프트웨어(SaaS)로 설치 즉시 활용 가능하다. 자연어 처리 기반으로 질문자의 의도를 분류하거나 Q&A 시나리오에 따른 응답 구조도 갖췄다. 특히 머신러닝 방식 덕분에 시간이 흐를수록 더 많은 패턴을 학습해서 응답 정확도가 개선됐다. 이처럼 챗봇은 지역 행사처럼 기간이 한정적이고 문의 유형이 반복적인 경우에 낮은 비용과 빠른 작동이라는 효과를 보여준다.

로컬 콘텐츠 홍보·마케팅의 민주화

이제 AI는 로컬 콘텐츠의 홍보와 마케팅에서 선택이 아닌 필수로 자리 잡는 추세다. 규모가 작고 예산이 부족한 로컬 브랜드들도 AI를 통해서 정교하고 효율적인 마케팅을 펼칠 수 있다. 앞서 언급한 사례들의 공통점은 AI를 단순한 자동화 도구가 아닌 고객을 이해하고 관계를 맺는 지능적 파트너로 활용했다는 점이다. 작은 브랜드의 성공 뒤에는 데이터와 기술뿐만 아니라 고객에 대한 이해라는 비결이 있었다.

로컬 플레이어들은 AI가 제공하는 3가지의 효과에 관

심을 가져 볼 만하다. 첫째는 비용 효율성의 극대화다. 제한된 예산으로도 정밀한 타깃 설정과 자동화를 통해 대기업 수준의 마케팅 효과를 낸다. 둘째는 시간 절약이다. 콘텐츠 제작, 고객 응대, 데이터 분석 등에 소요되는 시간을 획기적으로 단축해서 비즈니스 운영자들이 핵심 업무에만 집중하도록 지원한다. 셋째는 개인화된 경험이다. AI는 모든 고객에게 획일적인 메시지를 보내는 대신에 개인의 취향과 관심사에 적합한 맞춤형 정보를 제공함으로써 브랜드 충성도를 높인다. 쉽게 사용할 수 있고 실질적인 효용을 준다고 인식할 때 AI라는 기술을 수용하게 된다는 점은 프레드 데이비스(Fred Davis)의 '기술 수용 모형(TAM)'으로도 명확히 설명된다.

글로벌 대기업만이 AI를 홍보와 마케팅에 활용하지는 않는다. 동네 카페, 지역 축제, 작은 서점도 AI 서비스를 통해 고객을 찾아내고, 매력적인 콘텐츠를 만들어, 깊은 관계를 맺을 수 있다. 중요한 점은 AI를 자동화 도구 이상의 지능적 파트너로 여기고 적극적으로 활용하는 것이다.

참고문헌

연합뉴스(2020.11.26). "KT, 소상공인 빅데이터 상권분석 플랫폼

'잘나가게' 출시".

디지털 인사이트(2024.1.16). "아이디어스, '핸드메이드 선물 리포트' 발표… 주문 4건 중 1건은 선물".

MADTIMES(2025.4.17). "커피, 책, 그리고 AI: 네스프레소의 '최인아 책방' 시리즈가 참여율 66% 끌어올린 방법".

KOMAP(2024.4.15). "당근에서 LLM 활용하기".

ZD넷코리아(2018.5.4). "와이즈넛, 클라우드 챗봇 지역축제 도우미로 제공".

ZD넷코리아(2025.6.16). ""선물 추천해줘"… 아이디어스, AI 에이전트 '디어' 출시".

Zigbang(2025.5.29). "직방, 수요자 중심의 맞춤형 아파트 매물 추천 서비스 시작".

Davis, F.(1989). Perceived Usefulness, Perceived Ease of Use, and User Acceptance of Information Technology. *MIS Quarterly, 13*(3).

Morgan, R. & Hunt, S.(1994). The Commitment-Trust Theory of Relationship Marketing. *Journal of Marketing, 58*(3).

08
교육 콘텐츠를 위한 활용

획일화된 교육을 넘어 지역의 고유 가치를 가르치는 '로컬 교육'이 AI 기술 덕분에 혁신을 맞이하고 있다. AI는 학생별 맞춤 학습, 장애 학생 지원, 다문화 가정용 다국어 번역, 고유의 언어 보존 및 전수 등 지역 특성에 맞는 교육 솔루션을 제공한다. 교육의 개인화와 포용성을 높여 교육의 새로운 가능성을 여는 것이다.

AI와 인재 채용?

지역에서 정체성을 배우다

내가 사는 지역의 역사와 이야기로부터 정체성을 배우는 '로컬 교육(local education)'이 주목받고 있다. 장 피아제(Jean Piaget)가 강조한 '맥락적 학습(contextual learning)'을 지역에 적용한 것이 로컬 교육의 필요성과 일치한다. 표준화된 교육과정 속에서 학생들은 자신이 발을 딛고 살아가는 지역의 고유한 가치를 배울 기회를 잃어가고 있다. 교육을 통해 삶의 지혜를 키워주려면 '바로 이곳'에서 출발해야 한다. AI는 기존의 획일화된 교육의 한계를 극복하고 모든 학생에게 맞춤화된 교육 콘텐츠를 제공하는 등 혁신적인 해결책이 되고 있다.

지난 몇 년 동안 AI 기술은 교육 분야에 혁명적인 변화를 가져왔다. 전 세계적인 규모의 교육 플랫폼 도입 사례들도 주목을 받지만, 지역 사회에서도 교육 콘텐츠에 AI를 효과적으로 도입한 사례들이 나타나는 추세다. 이것은 해당 지역의 특수한 요구에 대해 맞춤형 교육 솔루션을 제공한다는 점에서 의미가 크다. AI는 중앙 집중형 교육의 획일성을 넘어서 각 지역의 역사, 문화, 산업의 맥락에 맞춘 새로운 교육 생태계를 조성하고 있다.

개인화된 맞춤형 학습의 시작

누구나 서로 다른 지식수준과 흥미를 가지고 있다. AI는 이러한 개인차를 정밀하게 분석해서 지역의 이야기를 개개인에게 가장 효과적인 방식으로 전달하는 맞춤형 교육을 설계해 준다.

일례로 경상북도 교육청은 도시와 농촌의 교육 격차 해소를 위해 AI 튜터 시스템을 도입해서 지역 학생들의 기초 학력 증진을 지원했다. 초등학생을 대상으로 한 실시간 온라인 학습 플랫폼 '온학교'다. AI 튜터는 모든 학생에게 개인 과외 교사처럼 세심하게 학습을 지도해 준다. 각 학생의 문제 풀이 기록을 분석해서 취약한 단원을 파악하고, 지역의 설화나 역사적 인물을 활용한 맞춤형 보충 문제와 학습 자료도 제공한다. 덕분에 학생 만족도가 80.9%에 달했다. 2025년 개정 교육과정에도 AI 코스웨어 개발, 자율 시간 AI 학습 도구, 교사 지원용 AI 설계 도구 등 다양한 시스템이 도입되고 있다.

경기도 안산시는 다문화 가정이 많은 특성을 반영하여 다문화가족지원센터의 안내 자료를 다국어로 자동 번역해서 제공 중이다. 언어 장벽으로 인해 지역 사회의 중요 정보에서 소외되는 다문화 학부모들의 어려움을 해소함과 동시에 교육 참여를 적극적으로 유도하기 위함이다. AI 신경망 번역(NMT) 시스템은 단순 직역을 넘어 베트남, 중국, 러시아 등 10여개 국가의 문화적 맥락을 고려해서 자연스러운 번역문을 생성했다. 안내문, 문자메시지, 진단서, 처방전 등 지역 사회 정보와 교육 · 상담 · 행정 관련 서류를 다문화 가정에 효과적으로 전달할 수 있게 됐다.

전통적인 교수법은 대부분 중간 수준의 학습자에게 맞춰져 있다. 학습 속도가 빠른 학생은 도전 의식을 느끼지 못하는 반면에 느린 학생은 자꾸만 뒤처지는 경향이 있었다. 채점과 피드백에도 긴 시간이 소모되었고 개인화된 학습 교재가 부족했다. 싱가포르 교육부(MOE)는 초등학교와 중학교를 대상으로 AI 기반 자동 영어 채점 시스템을 도입했다. 단답형 문제와 에세이를 평가하도록 설계되었으며, 문법, 철자, 구문의 오류를 중점적으로 담당해서 교사들이 내용, 창의성, 설득력 등 고차원적 평가에만 집중하게 도와준다. 또한 머신러닝으로 강화된 적응형 학습 시스템을 통해 학생들의 성과를 실시간으로 평가하고 이에 맞춰 학습 경로를 조정한다.

장애 학생의 학습을 도와주는 AI 기술

AI 기반 코드 플랫폼 '스마트 메이커'를 만든 기업 '소프트

파워'는 장애인에게도 동등한 학습권을 보장해 주는 디지털 교과서 제작 기술을 선보였다. 장애인을 위해 필요한 보편적 학습 설계(UDL) 기능과 웹 접근성(web accessibility) 처리 기능을 자동 구현한다. 시각 장애인들에겐 영상 정보를 음성으로 출력해 주고, 청각 장애인에겐 음성이나 음향 효과를 텍스트로 표시한다. 인지 장애 등 학습자의 장애 특성에 따라 적합한 지원 서비스가 제공된다. 장애인을 위해 별도의 교육 콘텐츠를 생성할 필요 없이 북 콘텐츠를 제작할 수 있다. 제작 속도는 4배 이상 빨라졌고, 제작 예산도 10분의 1 수준으로 줄어들었다.

마이크로소프트는 '이머시브 리더(Immersive Reader)' 프로그램을 출시했다. 텍스트의 시각적 분해, 단어 간격 조정, 글자 크기 확대, 음성 낭독, 문법 강조 등의 기능을 통해 난독증이나 학습 장애가 있는 학생들이 텍스트를 더 쉽게 읽도록 도와준다. 미국 교육부의 지원을 받는 '북셰어(Bookshare)' 플랫폼은 시각 장애, 학습 장애, 지체 장애 학생들을 위해 140만 권의 디지털 책을 음성으로 전환시켰다. 텍스트를 음성으로 바꿔주는 TTS(text-to-speech) 기능 덕분에 문장의 맥락에 따라 억양과 속도를 조절해서 음성으로 청취할 수 있다. 사용자가 자신의 인지 특성에 맞춰 맞춤 설정을 하는 것도 가능하다.

사라져가는 지역어를 지키다

한 세대가 사라지면 함께 묻히곤 했던 지역의 고유한 언어와 기억은 그 지역의 정체성이자 인류의 소중한 자산이다. AI는 이러한 자산을 디지털 형태로 영구히 보존하고, 시공간을 넘어 전 세계와 공유하는 미래의 도서관 역할을 한다.

일본 홋카이도에 거주하던 아이누 민족의 사례를 살펴보자. 고유의 언어와 전통 문화를 가졌으나 근대화 과정에서 전승 기반이 약화되는 바람에 아이누의 전통을 보존하는 일이 시급해졌다. 일본 지방 정부와 국립 아이누민족박물관은 원주민의 구술 기록을 AI의 음성 인식 기능으로 정리하고 거대 언어 모델(LLM)에 학습시켜 아이누어 챗봇 'AI 피리카(AI Pirika)'를 개발했다. 덕분에 젊은 세대도 일상 속에서 아이누어를 연습할 수 있고, 인터랙티브한 방식을 통해 전통 설화를 즐길 수 있다. 소멸 위기의 언어와 문화를 보존하는 것뿐만 아니라 AI를 활용하여 다음 세대에게 전수한 것이다.

스페인의 바스크 자치구(País Vasco)는 지역 대학 및 기업과 협업하여 소멸 위기에 놓인 바스크어를 AI 언어 모델에 학습시키는 프로젝트를 진행했다. 이들은 방대한 텍스트를 수집하고 부족한 구술 자료는 음성 AI를 통해 재구성했다. 그 결과 바스크어로 작동하는 번역기와 교육용 앱 그리고 음성 안내 시스템이 개발되었다. 젊은 세대가 일상 속에서 지역 언어를 연습하도록 환경을 확보한 덕분에 지역 정체성과 문화적 다양성 보존에 획기적인 계기가 되었다.

로컬 교육의 품질을 높이는 조력자

이상의 사례들은 AI 기술이 맞춤형 로컬 교육의 품질을 높이는 조력자임을 증명한다. 지역마다 다른 역사와 사회를 소재로 교육 콘텐츠를 재창조함으로써 중앙집중식 교육의 공백을 메우고 학습의 민주화를 실현하는 것이다. 핵심은 기술 자체보다 지역성과 교육 철학의 결합에 있다. 지역의 이야기를 새롭게 해석하면서 사회 구성원들이 공동체의 일원으로 성장하도록 돕는다.

앞으로 로컬 교육의 경쟁력은 '얼마나 많은 정보를 전달하느냐'가 아니라 AI를 이용해 '우리 지역의 이야기'를 얼마나 흥미롭게 구현하느냐에 달려 있다 해도 과언이 아니다. 지역 사회의 교육 기관들은 AI 기술을 단순히 도입하는 것을 넘어, 자체적인 데이터와 전문성을 바탕으로 한 고유한 교육 솔루션을 개발해야 한다. 기술의 정밀성과 교육자들의 지혜가 결합된다면 로컬 교육의 혁신은 지속될 것이다.

참고문헌

AI 스토리 교실. https://storyclass.ai

보안뉴스(2020.9.1). "마이크로소프트, AI기반 학습 도구 이머시브 리더 공식 출시".

서울특별시(2024.7.22). "AI야, 미래 서울 이야기 만들어줘~ 10분 만에 서울시 공모전 도전!".

안산시육아종합지원센터. "어린이집지원: 통번역지원자료실". https://www.ansanbo6.or.kr/community/board_list.asp?BoardID=0007

코리아투데이뉴스(2023.1.3). "경북교육청, '온학교'와 함께 겨울 방학을 알차게 보내요".

ZD넷코리아(2024.3.4). "AI디지털교과서, 장애인 학습권 보장하는 신기술 개발".

Bookshare. https://www.bookshare.org

DigitalDefynd(2025). Use of AI in Schools [25 Case Studies] [2025].

McLeod, S.(2025.6.4). Piaget's Theory And Stages Of Cognitive Development. SimplyPsychology.

09
로컬 복지를 위한 활용

AI가 지역 복지 시스템의 한계를 극복하는 해결책으로 떠오르고 있다. 아동 학대 위험 예측, 장애인 · 노인을 위한 맞춤형 원격 돌봄, 행정 업무 자동화 등에 활용함으로써 담당자의 과도한 업무를 줄이고 실질적으로 필요한 부분에 집중하도록 돕는 것이다. AI는 복지 인력을 대체하는 것이 아니라 보조하는 역할이지만, 신속하고 정교한 복지 서비스를 제공하는 데서 핵심적인 역할을 수행한다.

AI와 기자?

인간의 대체가 아닌 증강

복지는 취약한 사회 구성원들을 보호하는 안전망이다. 그러나 제한된 예산, 부족한 인력, 부정확한 정보, 복잡한 행정 절차로 인해 도움이 절실한 사람들에게 제때에 지원이 전달되지 못한다. AI의 등장은 고질적인 문제에 새로운 해법을 제시할 수 있다. 특히 각국의 복지 체계를 혁신하면서도 지역의 특수한 복지 수요에 맞춰서 해결책을 제공해 준다.

에릭 트리스트(Eric Trist)는 '사회 기술적 체계(socio-technical systems)'라는 개념을 통해 인간과 기술 사이의 균형을 맞추는 것이 중요하다고 주장했다. 또한 벤 슈나이더먼(Ben Shneiderman)은 '인간 중심 AI (human-centered AI)' 개념을 통해 AI가 인간을 대체하는 것이 아니라 인간의 능력을 증강하고 보조하는 역할을 해야 한다고 강조했다. 복지 담당자가 대변하는 '사회적 체계'와 AI로 대표되는 '기술적 체계'와 적절히 협업을 해야 하는 것이다.

로컬 차원에서의 AI 도입은 중앙 정부의 표준화된 정책으로 충족되지 않는 지역 주민들의 문제를 해결하고 복지 서비스의 효율성을 높인다는 점에서 그 의미가 크다. AI는 정보의 격차를 해소하고, 돌봄의 공백을 메우며, 공동체의 연결을 강화하는 따뜻한 솔루션으로 주목받고 있다.

아동 복지와 가족 보호의 선도자

미국 펜실베이니아주의 소도시 앨러게니(Allegheny)는 매년 수천 건의 아동 학대 및 방임 신고를 처리한다. 사회복지사들은 매일 수십 건의 신고 전화를 받는데, 각 사례에 대해 추가 조사가 필요한지 신속하면서도 정확하게 판단해야 했다. 이에 앨러게니 카운티는 2016년에 '앨러게니 가족 스크리닝 도구(AFST)'를 도입했다.

AI 기반의 이 시스템은 아동 복지 관여 기록, 행동 건강 기록, 형사 사법 기록 등 다양한 기록물 데이터를 분석해서 재학대 위험 점수를 1에서 20까지의 척도로 판단한다. 일반적으로 사회복지사들은 매우 낮거나 매우 높은 점수의 사례는 쉽게 판단할 수 있었지만, 중간 범위 점수의 사례는 추가 맥락 정보가 필요하다며 보류하곤 했다. AFST는 특정 범주의 사례를 분류하는 데 강점을 보였다. 그러나 도입 과정에서 여러 보완점도 드러났다. 어떤 요인을 고려하는지를 투명하게 공개해야 하고, 기록물 데이터가 편향을 유발할 수 있다는 우려도 불식시켜야 한다.

영국의 노스요크셔(North Yorkshire) 카운티의 아동 사회복지 서비스는 방대한 파일, 복잡한 평가 절차, 제한된 인력으로 어려움을 겪고 있었다. 사회복지사들은 과중한 업무로 인해 해당 아동 및 가족과 직접 만나는 데 충분한 시간을 할애하지 못했다. 이를 해결하기 위해 도입한 AI 기반 솔루션은 자연어 처리(NLP)와 머신러닝(ML)을 활용해서 방대한 사례의 텍스트 데이터를 분석했다. 위험 요소를 식별한 후에는 유사한 과거 사례를 찾아서 사회복지사에게 제시하고 자동으로 데이터를 입력했다. 피해 아동이 복지 시스템에 다시 의존하게 될 가능성을 예측하는 것이다. 덕분에 사회복지사는 고위험 가족에게 집중적인 지원을 할 수 있었다. AI가 사회복지사를 대체하는 것이 아니라 더 효과적으로 도움과 지원을 줄 수 있게 도와준 것이다.

장애인과 노인을 위한 맞춤형 서비스

서울 강남구는 장애인들의 자립 생활을 지원하기 위해 '스마트홈 주택'을 제공하고 있다. 거동이 불편한 중증 장애인들이나 저소득 장애인들이 타인의 도움 없이 일상생활을 스스로 영위함으로써 존엄성과 독립성을 유지하는 환경을 만들고자 한 것이다. 음성 인식 AI와 스마트홈 사물인터넷(IoT) 기술 덕분에 "커튼 열어 줘", "TV 켜

줘"와 같은 음성 명령만으로 집안의 각종 기기를 제어할 수 있다. AI가 거주자의 생활 패턴을 학습해서 맞춤형 서비스를 제공하기도 한다. 덕분에 일상생활 자립도가 향상되고 보호자의 돌봄 부담이 크게 줄어들었다.

영국의 소도시 스윈던(Swindon)은 학습 장애나 인지 장애를 겪는 주민들이 행정 문서와 서비스 정보에 접근하기 어려워한다는 데 주목했다. 복잡한 법률 용어, 긴 문장, 추상적 개념 등이 장벽으로 작용하기 때문이다. 그렇다고 모든 문서를 수작업으로 변환하는 것은 현실적으로 불가능했다. 이에 '심플리 리더블(Simply Readable)'이라는 AI 솔루션을 도입했다. 긴 문장을 짧고 명확한 문장으로 나누고, 어려운 단어를 쉬운 동의어로 대체하며, 핵심 정보를 시각적으로 강조하는 등 복잡한 문서를 읽기 쉬운 형식으로 자동 변환한다. 솔루션 도입 후 문서 제작 시간이 90% 이상 단축됐다. 장애가 있는 주민들도 행정 정보와 서비스에 접근할 수 있게 됐다.

고령 인구가 급증한 영국 런던의 벡슬리(Bexley) 자치구는 노인들이 가능한 한 오랫동안 독립적으로 생활하면서도 안전을 보장받을 수 있는 방법을 모색했다. 전통적인 돌봄 방식은 인력 집약적인 데다가 24시간 모니터링이 불가능했다. 이에 '독앳홈(DOC@HOME)' 기술을 요양원에 시범 도입했다. 이 시스템은 원격으로 건강을 모니터링하고 분석해 예측까지 진행한다. 웨어러블 센서와 환경 센서를 통해 심박수, 혈압, 활동, 수면 등의 데이터를 실시간으로 수집한다. AI는 데이터를 분석해서 건강의 이상 징후를 조기에 감지한다. 비정상적 패턴이 보이면 시스템이 자동으로 담당자에게 경고한다. 응급 상황이 발생하기 전에 선제적으로 개입하는 것이다. 덕분에 응급실 방문과 입원이 크게 줄어들었다.

영국 도싯(Dorset) 카운티는 면적이 넓어서 요양원에서의 야간 돌봄이 여의치 않았다. 전통적 방식은 야근자가 정기적으로 방을 순회하는 것이었는데, 이는 거주자의 수면을 방해하고 직원에게도 부담이 됐다. 이에 음향 모니터링 시범 사업을 시작했다. 각 거주자의 방에서 발생하는 소리를 AI가 분석해서 정상적인 수면 소음과 이상 소음을 구별한다. 이상 징후가 감지되면 직원의 모바일 기기에 알림이 즉시 전송되며, 해당 거주자의 의료 기록과 돌봄 상황도 정보로 제공한다. 이를 통해 직원은 신속하게 상황을 파악해서 적절한 대처를 할 수 있게 됐다.

행정을 보좌하는 똑똑한 비서

영국 케임브리지(Cambridge)에서는 매년 수천 건에 달하는 지역 계획에 수만 건의 주민 의견이 붙는다. 담당자들은 엄청난 시간을 소비해서 각 의견을 읽고, 분류하고, 요약하느라 계획 평가와 의사 결정 업무를 완수하기가 어려웠다. 이에 '그레이터 케임브리지 공유 계획(GCSP)' 서비스를 출범시켜 AI를 비서로 두기로 했다. AI는 자연어 처리를 활용해 주민 의견을 자동으로 분석하고 분류했다. 뿐만 아니라 각 의견의 핵심 요점을 추출하고, 의견에 담긴 감정을 분석하며, 유사한 의견을 그룹화하고, 자주 제기되는 염려 사항을 식별해 주었다.

덕분에 담당자들은 수천 개의 의견을 일일이 읽는 대신에, AI가 생성한 요약과 분석을 기반으로 주요 이슈를 신속하게 파악할 수 있게 됐다. 중요한 점은 AI가 의사 결정을 대체하는 것이 아니라 지원한다는 것이다. 최종 결정은 여전히 전문 담당자들이 내린다. AI 환각 현상이나 왜곡을 방지하기 위해 수동 검증을 포함한 안전장치도 마련하고 있다.

영국의 도시 피터버러(Peterborough)는 사회복지사와 직원의 행정 업무를 지원하기 위해 AI 비서 '헤이 제럴딘(Hey Geraldine)'을 개발했다. 대형 언어 모델(LLM)을 정책 데이터베이스에 연동시켰기 때문에 사회복지사가 자연어로 질문해도 즉각적인 답변과 지침을 제공한다. 덕분에 담당자들은 복잡한 사례 기록 검토나 평가 양식 작성 등 과도한 행정 업무에 시달리는 문제를 해결할 수 있었다.

전문가들과 지혜를 나누는 AI

지금까지 살펴본 사례들은 복지 분야에서 AI가 이미 현실에 구현되고 있음을 보여 준다. 세계 곳곳의 지역들이 AI를 활용해서 복지 서비스를 혁신하고 있다. 공통적으로 발견되는 성공 비결은 명확한 문제 정의와 측정 가능한 목표 설정, 인간 중심 접근, 공정하고 투명한 운영이다. 기술적인 어려움을 걱정하기보다는 취약한 사회 구성원들이 안전한 삶을 영위하게 도와주는 복지의 대원칙을 우선순위에 두는 태도가 중요하다.

로컬 기관들이 보여 준 혁신은 규모나 예산에 관계없이 어디서나 AI를 활용해서 복지 서비스의 질을 향상시킬 수 있다는 희망을 준다. 중요한 것은 기술 그 자체가 아니라 적시에 적절한 지원을 제공하려는 복지 담당자들의 헌신과 지혜를 활용하는 것이다. 그래야 지역의 특성을 반영한 차별화된 복지 솔루션을 개발할 수 있다. 소의 없는 따뜻한 동네를 만들려면 인간과 AI 모두가 핵심적인 역할을 맡아야 한다.

참고문헌

강남구청(2005.7.23). “전동침대부터 반려로봇까지...강남구, 장애인 위한 ‘스마트 홈’ 지원”.

BBC(2024.9.23). Care homes offered AI to monitor residents.

BBC(2025.7.28). Council turns experienced worker into AI chatbot.

Cambridge City Council(2024.10.21). AI to help engage communities through Greater Cambridge Shared Planning partnership with the University of Liverpool.

Graphnet(2021.12.6). London Borough of Bexley deploys DOC@HOME remote patient monitoring technology across care and residential homes.

Kawakami, A. et al.(2022). Improving Human-AI Partnerships in Child Welfare: Understanding Worker Practices, Challenges, and Desires for Algorithmic Decision Support. *Proceedings of the 2022 CHI Conference on Human Factors in Computing Systems, 52.*

North Yorkshire Council(2025). Empowering Social Workers, Transforming Care: North Yorkshire Council Optimises with AI Proof-of-Concept.

Shneiderman, B.(2020). Human-Centered Artificial Intelligence: Three Fresh Ideas. *AIS Transactions on Human-Computer Interaction, 12*(3).

Socitm(2025.1.20). Easy Read AI solution – Swindon Borough

Council.

Trist, E. & Bamforth, K.(1951). Some Social and Psychological Consequences of the Longwall Method of Coal-Getting. *Human Relations, 4*(1).

10
로컬 언론을 위한 활용

지역의 언론은 수익 감소와 인력 부족으로 위기에 직면했다. 그러나 AI 기술이 도입되면서 지속 가능성이라는 돌파구를 찾아내고 있다. AI가 기자를 대체하는 것이 아니라 지원하는 도구로 활용될 때 시너지 효과가 발생하기 때문이다. AI는 정형화된 뉴스 제작, 데이터 분석, 회의록 요약 등 반복적인 업무를 자동화하는 한편, 기자들은 언론 본연의 임무인 심층 취재에 집중하는 식이다.

AI와 미래 의사?

개인화되고 지역화되는 언론 지형

지역 언론과 미디어가 만들어온 '로컬 저널리즘(local journalism)'은 오랫동안 공동체의 목소리를 대변하고 주민들에게 필수 정보를 제공함으로써 민주주의의 초석으로 작용해 왔다. 위르겐 하버마스(Jürgen Habermas)가 '공론장(public sphere)' 개념을 통해 밝혔듯이, 로컬 언론은 공동체 속의 다양한 목소리를 대변하고 소통의 장을 마련하는 역할을 맡는다. 또한 로버트 퍼트넘(Robert Putnam)은 공동체 구성원 간의 신뢰, 네트워크, 상호 협력으로 만들어진 '사회적 자본(social capital)'을 강조했다. 지역의 언론들은 이러한 사회적 자본을 형성하고 강화하는 핵심 기제와 같다. 이는 로컬 저널리즘이 단순히 작은 규모의 뉴스가 아니라 지역 민주주의와 공동체의 유지에 필수적인 인프라임을 보여 준다.

그러나 최근에는 광고 수입 감소, 전문 인력 부족, 디지털 전환이라는 압력 속에서 많은 언론사들이 생존의 기로에 서게 됐다. 미국에서는 2024년에만 130개의 신문사가 문을 닫았다. 주당 2.5개의 언론사가 폐업을 하는 셈이다. 이러한 위기 속에서 AI 기술은 지역 언론에게 새로운 생존 방법을 제시하고 있다. 정형화된 뉴스 제작은 AI가 담당하고 기자들은 심층 취재, 탐사 보도, 해설과 분석이라는 영역에 집중하는 식으로 단순 반복 업무를 자동화하는 것이 바람직하다.

독자와 지리적, 심리적, 사회적으로 근접할수록 뉴스의 가치도 그에 비례해서 증가한다. 그러므로 독자들에게 개인화된 뉴스 경험을 제공하는 초개인화(hyper-personalization)와 '우리 동네 이야기'에 집중하는 식으로 더욱 좁혀진 범위의 의제를 다루는 초지역화(hyper-localization)로 거듭나는 것도 한 방법이다. AI 기술은 이러한 이론적 가치들을 더욱 효과적으로 실현할 수 있는 도구가 될 수 있다. 지금부터 다룰 사례들은 AI가 지역 공동체의 목소리를 더욱 강력하고 효율적으로 전달함으로써 로컬 언론의 지속 가능성을 뒷받침하는 혁신 도구임을 증명하게 될 것이다.

신속하고 효율적인 뉴스 생산

AI는 유능한 조수 역할을 수행한다. 정형화된 데이터를 처리하거나 녹취록을 관리하는 작업에서 놀라운 성과를 보이고 있다. 덕분에 기자들은 단순 반복 업무로 시간을 소모하지 않고 현장 취재와 심층 보도와 같이 핵심적인 영역에 집중할 수 있게 됐다.

미국 미네소타주의 지역 신문사인 '브레이너드 디스

패치(Brainerd Dispatch)'는 매주 경찰 기관이 제공하는 다양한 형식의 사건 기록을 수동으로 읽고 정리해 왔다. 그러나 제한된 인력만으로 업무를 진행하는 것이 버겁고 비효율적이라고 판단됐다. 이에 AP 통신, 미주리대학교와 협력하여 '공공 안전 보고 시스템(PSRS)'이라는 AI 시스템을 개발했다. 자연어 처리(NLP) 기술을 활용하여 비정형 PDF 데이터에서 핵심 정보를 자동으로 추출하고, 편집 우선순위에 따라 사건을 정렬해 준다. 이 시스템이 직원들의 업무 시간을 절약해 준 덕분에 기자들은 더 중요한 탐사 보도에 시간을 쏟을 수 있게 됐다. 이 사례가 성공적이라 여겨지는 이유는 기술이 기자를 대체한 것이 아니라 지원해 주기 때문이다.

텍사스주의 지역 방송국인 '케이샛 트웰브(KSAT 12)'는 매일 진행되는 수많은 기자회견과 현장 중계를 동시에 다루기가 어렵다는 점을 인식했다. 또한 영상의 내용을 파악하고 기사를 작성하는 과정도 많은 시간이 소요되었다. 이에 AP 통신, 스탠퍼드대학교와 협력하여 2023년에 음성 인식과 자연어 처리 기술을 탑재한 자동 요약 및 작성 시스템을 개발했다. 이 시스템은 뉴스 영상을 실시간으로 기록함과 동시에 누가 무엇을 말했는지, 어떤 내용이 가치가 있는지를 자동으로 판단해서 기사

초안을 작성해 준다. 또한 결과물을 콘텐츠 관리 시스템에 자동으로 업로드해서 아카이빙한다. 특히 완벽한 AI 작성은 불가능하다는 기술의 한계를 인정해서 진행 과정에 인간이 반드시 개입해 확인하는 투명성 정책을 반영했다는 점이 모범적이다.

미시간주의 라디오 방송국 '미시간 라디오(Michigan Radio)'는 시의회에서 몇 시간씩 진행되는 회의를 기자들이 처음부터 끝까지 직접 참석하거나 전체 녹음을 들으며 요약을 하는 작업이 비효율적이라고 판단했다. 기존에도 작성 애플리케이션이 있었지만 기자들은 긴 녹취록 전체를 읽어야만 관심 있는 주제가 언급되었는지 알 수 있었다. 이에 미시간 라디오는 기존 앱의 음성-텍스트 변환(STT) 기술을 AI로 강화하고 키워드를 검색해 알림을 보내는 기능을 추가하는 '미니츠(Minutes)' 프로젝트를 진행했다. 덕분에 기자들은 '임대료'나 '저소득 주택' 등 자신이 취재하는 주제와 관련된 키워드를 미리 설정했다가 해당 키워드가 나타날 때마다 알림을 받아서 관련 부분만 빠르게 확인하게 되었다. 시의회 취재는 한층 더 효율적이고 포괄적으로 개선되었으며, 중요한 안건을 놓치는 일도 줄어들었다.

제주방송(JIBS)은 반복적인 포맷의 뉴스를 진행하는

데 특화된 AI 앵커 '제이나(J-NA)'를 도입했다. 기자의 음성과 몸짓을 AI가 학습해 영상 합성으로 구현하는 방식이다. 챗GPT 기반의 AI가 방송 원고를 작성하고 사람 형태의 디지털 휴먼이 원고를 읽는 방식으로 제작 효율성과 일관성을 높였다. 월 운영비는 약 60만 원에 불과해 소규모 방송국의 인건비 부담을 크게 낮췄다는 평가를 받는다. 현재 제주도의 정책을 브리핑하는 영상 뉴스 '위클리 제주'를 비롯해 공식 유튜브 채널에 등장해서 뉴스를 진행하고 있다.

가치 있는 뉴스를 자동으로 찾아내다

AI는 지역 정부의 방대한 공공 문서와 데이터 속에서 잠재적인 뉴스 가치를 지닌 패턴과 트렌드를 발견하여, 제한된 인력으로도 심층적인 탐사 보도를 수행할 수 있는 기반을 마련해 준다.

노르웨이의 소도시 트롬쇠에서 발행되는 '이트롬쇠(iTromsø)'는 지역 정부의 공공 문서를 모니터링하면서 뉴스 가치가 있는 정보를 찾아내는 작업에 어려움을 겪었다. 자료가 워낙 방대해 중요한 정보를 놓칠 수 있기 때문이다. 이에 '진(Djinn)'이라는 AI 기반의 데이터 저널리즘 인터페이스를 개발했다. 자료를 모으는 웹 스크

레이퍼와 API 기능을 탑재해서 지자체의 문서 보관소에 산재한 데이터를 자동으로 수집하고 AI 알고리즘이 관련성에 따라 순위를 매기는 동시에 자동 요약을 생성한다. 매월 1만2000여 개의 문서를 분석하기 때문에 숨어 있는 지역 이슈들을 선제적으로 발굴해 보도할 수 있게 됐다. 특히 데이터 내에서 패턴과 트렌드를 감지해 유용한 스토리가 될 만한 잠재적인 스토리를 추천해 주는 기능도 갖췄다.

영국 'BBC'의 월드 서비스 팀(World Service Team)은 글로벌 수준에서 활동하는 조직이지만 지역 언론에도 적용 가능한 사례를 만들어 냈다. 뉴스를 위해서는 기사, 동영상, SNS 등 온라인에 흩어진 수많은 데이터에서 의미 있는 소재를 찾아내야 하는데, 이는 물론 엄청난 시간이 소요되는 작업이었다. 자연어 처리(NLP)와 컴퓨터 비전(CV) 기술을 이용한다면 인간 조사원들이 수개월 걸릴 작업을 단 며칠 만에 완료할 수 있다는 긍정적인 분석을 얻어낸 후 AI 시스템을 개발하기 시작했다. 수만 건의 소셜 미디어 게시물과 영상을 분석하여 특정 콘텐츠를 식별하고 시간 및 장소 정보를 추출할 수 있었다. AI 기술을 통해 지역 언론도 방대한 공공 기록을 빠른 시간 안에 분석할 수 있다는 선례를 남긴 것이다. 이 과정은

BBC에서 '아이 인베스티게이션(Eye Investigation)'이라는 다큐멘터리도 만들어졌다.

영국의 뉴스 통신사 '피에이 미디어(PA Media)'가 만든 '레이다(RADAR)'는 공공 데이터를 AI로 분석하여 지역 맞춤형 기사 초안을 대량으로 생성한다. "우리 동네 범죄율이 전국 평균보다 높다"와 같이 각 지역에 특화된 기사를 자동으로 만들어 낸다. 영국의 많은 지역 언론사들은 인력 부족으로 공공 데이터를 심층 분석하여 의미 있는 뉴스로 전환하기 어려웠다. 중앙 정부가 공개하는 건강, 범죄, 부동산 등의 데이터는 방대하지만, 이를 각 지역의 맥락에 맞게 해석하고 기사화할 여력이 없었다. 데이터 파이프라인 구축과 자연어 생성 기술을 결합하여 매달 8000개 이상의 지역 맞춤형 기사 소재를 생산한다. 영국 내 1000개 이상의 로컬 언론사가 이 서비스를 활용하여 기사를 생산하고 있다.

개인화된 뉴스로 관심을 끌어라

AI는 독자 개개인의 관심사를 분석하여 맞춤형 뉴스 경험을 제공함으로써, 독자들의 체류 시간과 재방문율을 높이고 궁극적으로 구독 전환율을 개선하는 데 기여한다.

일례로 독일 쾰른의 지역 일간지인 '쾰너 슈타트안차

이거(Kölner Stadt-Anzeiger)'는 모든 독자가 동일한 제1면을 봐야 하는 전통적 방식이 시민들의 다양한 관심사를 만족시키지 못한다고 판단했다. 이에 AI 시스템을 도입해서 개인화된 디지털 뉴스를 제공하기로 했다. 독자들의 읽기 이력과 클릭 패턴을 분석해서 관심사를 파악하고 가장 관련성 높은 기사를 프론트페이지에 배치하는 것이다. 시스템 도입 후 평균 체류 시간이 증가했고, 방문 동안에 읽는 기사의 수가 늘어났으며, 구독 전환율도 개선되었다. 특히 뉴스를 개인화해 주는 동시에 다채로운 주제를 노출해서 독자들이 매번 비슷한 결과를 접하게 되는 필터 버블(filter bubble)에 갇히지 않도록 균형을 유지하고 있다.

버지니아주 북부 지역을 다루는 인터넷 언론사 '에이알엘나우(ARLnow)'는 뉴스레터를 매일 제작해 발송했다. 뉴스레터는 독자 참여를 유지하는 효과적인 방법이지만, 소규모 언론사가 제작을 전담하는 인력을 유지하기는 쉽지 않다. 이에 AI 기반의 자동화 솔루션을 도입했다. 시스템은 당일 발행된 기사들을 분석해서 가장 중요한 스토리를 선별하고, 짧은 요약을 작성해서 뉴스레터 형식으로 자동 구성한다. 자동화 도입 후 시청자들은 지역 뉴스에 대한 요약 뉴스레터를 매일 받아볼 수 있었고 그에 따라 온라인 참여도가 크게 증가했다.

그러나 1년가량의 운영 기간 동안 여러 문제점도 발견되었다. AI가 시간적 맥락을 파악하지 못해 며칠 전 기사를 마치 오늘 일어난 일인 것처럼 작성했다. AI가 작성한 기사는 기자들이 추구하는 글쓰기 스타일과 어울리지 않고 어색함을 유발했다. 심지어 사실이 아닌 일을 AI가 독단적으로 추측해 오보를 만들어 내기도 했다. 뉴스레터를 클릭하고 읽는 비율은 높았지만, 직접적으로 구독자 수가 증가하지는 않았다. 뉴스레터 제작이 자동화되었는데도 모니터링, 유지 보수, API 사용 등의 비용이 소요되었다. 이러한 이유로 자동 뉴스레터 발송은 2024년 6월에 중지되었다.

저널리즘의 핵심 가치를 지켜라

로컬 저널리즘의 성공 사례들은 AI가 지역 언론의 생존과 번영에 실질적으로 기여할 수 있음을 보여 준다. 여기서 몇 가지의 비결을 도출해 볼 수 있다.

첫째로 AI는 기자를 대체하는 것이 아니라 지원하는 도구로 사용되어야 한다. 둘째로 현실의 업무 고충을 해결하는 실용적인 솔루션에 집중하는 것이 효과적이다. 셋째로 윤리와 투명성을 기술 자체에 내재화시키는 것이 중요하다. 넷째로 충분한 테스트를 거치면서 단계적으로 도입하는 것이 바람직하다. 다섯째로 지역 사회의 특수한 요구에 따른 맞춤형 솔루션이 가장 큰 효과를 발휘한다.

현재 로컬 언론이 직면한 위기는 결코 작지 않다. 그러나 AI를 활용해서 저널리즘의 핵심 가치를 강화함과 동시에 기자들이 지역 사회에 더 나은 정보를 발굴한다면 지역의 미디어도 충분한 힘을 발휘하게 될 것이다.

참고문헌

로버트 D. 퍼트넘(2016). 《나 홀로 볼링: 볼링 언론 – 사회적 커뮤니티의 붕괴와 소생》. 정승현 옮김. 페이퍼로드.

위르겐 하버마스(2024). 《공론장의 새로운 구조변동》. 한승완 옮김. 세창.

JIBS 뉴스(2024.3.11). "가상인물이라고? … 매주 도정 소식 전하는 아나운서 '제이나'".

AP(2024.2). Case Study – Newsroom: Brainerd Dispatch.

ARLnow(2024.6.3). ARLnow to discontinue AI-generated email newsletter.

Current(2023.12.20). Michigan Radio project points to future of AI use in newsrooms

Medium(2023.11.20). Building AI-Powered Projects for Local Newsrooms.

Newsroom Robots(2025.2.18). Building AI Tools for Investigative Journalism in Local News.

Online News Association(2024.12.2). AI in the Newsroom: Case Study Series.

임동욱

대구대학교 문화예술학부 겸임교수다. 로컬콘텐츠연구소의 대표를 맡고 있다. 한국외국어대학교에서 문화콘텐츠학 박사 학위를 받은 후 연구교수를 역임했다. 사이언스타임즈에서 과학기자로 재직했고, 다수의 매체에서 과학칼럼니스트로 활동하며 13종의 교과서에 글을 실었다. 세종시, 화성시, 광명시, 통영시, 정선군 등 여러 지자체에서 자문위원으로 활동했다. 주요 저서로 《새로운 문화 콘텐츠학》(2025), 《문화로 깨어나는 도시》(2025), 《충청도 커뮤니케이션》(2023), 《문화예술 미디에이션》(2018), 《프랑스의 지역문화 콘텐츠》(2018) 등이 있다. "민간신앙 유적의 장소 콘텐츠화"(2025), "지역 액티비즘의 확산에 기여하는 비극 기반 스토리텔링 콘텐츠의 기제 연구"(2021), "싱가포르 민족별 뮤지엄의 전시 스토리텔링 분석"(2019), "Construction of immersive exhibition with active and passive audiovisual continuity using projection mapping technology"(2019) 등의 논문을 KCI, SSCI, SCOPUS 등 등재학술지에 게재했다.